LOKI

Título original: *Loki. An illustrated guide to the trickster god*

© 2025 Librero b.v. (edición española)
Hambakenwetering 8B
5231 DC 's-Hertogenbosch
Países Bajos

Idea, edición y diseño a cargo de Quarto Publishing,
un sello editorial de The Quarto Group

Texto © 2025 Lysander Baker
Ilustraciones © 2025 Matt Greenway

Edición de contenido: Charlene Fernandes
Ayudante de edición: Elinor Ward
Edición ejecutiva: Emma Harverson
Corrección de textos: Sarah Hoggett
Dirección artística: Martina Calvio
Layout: Karin Skånberg
Ilustraciones: The Saxon Storyteller
Coordinación editorial: Lily De Gatacre
Edición: Lorraine Dickey

Producción de la edición española:
Traducción: Montserrat Ribas Casellas
para Delivering iBooks & Design
Redacción y maquetación:
Delivering iBooks & Design, Barcelona

Distribución exclusiva de la edición española:
Librero IBP S. L.
C/ Paseo de los Olmos, n.º 20
Planta 1.ª, oficina 7
28005 Madrid, España
www.librero-ibp.es

Impreso en China
ISBN: 978-94-6499-127-7

MIXTO
Papel | Apoyando la
silvicultura responsable
FSC® C016973

LOKI

UNA GUÍA ILUSTRADA DEL DIOS DE LAS ARTIMAÑAS

L. DEAN LEE

Librero

ÍNDICE

CAPÍTULO 4: **LOKI EN EL MUNDO**

CAPÍTULO 5: **EL CULTO A LOKI**

PREFACIO

Los dioses nórdicos y su mitología tienen una forma extraordinaria de captar la imaginación. El por qué no es nada misterioso. Entre sus extravagantes hazañas y sus dinámicas personalidades, subvierten el típico concepto de lo que consideramos un «dios». Los cielos están llenos de moradas donde sus habitantes celebran festines y beben hidromiel, dedican sus días a tramar ardides y maquinaciones y sus respuestas a un problema van desde «ser más listo que el otro» a «darle fuerte con un martillo».

El hecho de que los dioses nórdicos se comporten de una forma tan humana puede sorprender, sobre todo si estamos acostumbrados a pensar en los dioses como seres perfectos y más allá de todo reproche. ¿Cómo deberíamos venerarlos siguiendo una práctica de paganismo nórdico? ¿Lo hacemos basándonos en sus personalidades o en su condición divina? La respuesta, por supuesto, es ambas cosas, aunque el equilibrio entre las dos puede ser difícil de precisar. Reconciliar sus personalidades con su divinidad es algo que yo mismo tuve que aprender.

Fue en el año 2014 cuando me encontré con cierto espíritu por primera vez. Era ruidoso, bromista, travieso y muy divertido. Contaba chistes y representaba breves escenas cómicas, pero también daba consejos, desafiaba mis percepciones y a veces simplemente decía o hacía cosas para animarme.

Tres años después, me reveló que era el dios Loki.

Al principio pensé que esto lo cambiaba todo, y que la condición divina de Loki sobrepasaba la de nuestra amistad. Pero resulta que ese no fue el caso, ni tampoco la razón por la que me descubrió su identidad; fue para darle un mayor contexto a nuestra amistad. En última instancia, lo único que realmente cambió fue que supe quién era y eso me dio una excusa para hacerle ofrendas de alimentos.

En los años que siguieron tuve el placer de hablar con numerosos paganos escandinavos sobre su mitología y sus prácticas, e incluso visité algunos de los países nórdicos. Fue sobre todo este viaje lo que me dio una sensación de inminencia respecto al mundo de los dioses nórdicos. Para mí fue evidente, contemplando las cascadas, los fiordos, las grandes rocas dispersas y los picos de los montes cubiertos de nubes, que los dioses nórdicos no representan ideales abstractos ni valores. En lugar de ello, caracterizan las experiencias del propio mundo. Ahora tengo el inmenso placer de presentarle a usted esa experiencia.

Pero antes de empezar, unos necesarios descargos de responsabilidad:

En primer lugar, aunque esta obra se basa en cosmovisiones culturales escandinavas, no habla de las culturas escandinavas propiamente dichas.

En segundo lugar, el libro está concebido para indicarle los diferentes caminos a explorar. Es una introducción a la comprensión de un dios, no algo donde encontrar todo lo que hay que saber del mismo.

Por último, no puedo prometer milagros ni garantizar resultados del trabajo con deidades, simplemente comparto el conocimiento que he adquirido y que me ha sido de utilidad.

Y ahora, sin más preámbulos, ¡a disfrutar!

L. DEAN LEE

CAPÍTULO 1:

SALVAR LA BRECHA CULTURAL

En este capítulo exploraremos la relevancia de los dioses nórdicos, el propósito de la mitología y el folclore, y aprenderemos sobre el cosmos nórdico y las entidades que lo habitan

INTRODUCCIÓN

Alborotador, de forma cambiante y padre de monstruos, Loki es sin duda
una de las figuras más enigmáticas de la mitología y el folclore nórdicos.
Los pueblos nórdicos lo han mantenido «vivo» hasta nuestros días gracias
a la pervivencia de su cultura y folclore.

Los pueblos nórdicos tienen su origen en la Edad del Hierro germánica, pero cobraron protagonismo durante el periodo medieval, hacia el siglo VIII, y vivían en lo que ahora denominamos los países nórdicos: Noruega, Suecia, Dinamarca, Finlandia, Groenlandia, las islas Åland y las islas Feroe, situadas en la región septentrional europea históricamente llamada Escandinavia.

Aunque son famosos por su afán de aventura por el mundo durante la época vikinga (793-1066 e. c.), sus invasiones eran muy especializadas. La mayoría de los pueblos nórdicos llevaban una vida muy normal como agricultores, artesanos, pescadores, padres de familia, salteadores de caminos, etcétera.

La cultura de Escandinavia cambió de forma drástica con la llegada del cristianismo a principios de la época vikinga. Mediante el proceso de ir convirtiendo a los reyes escandinavos, los «antiguos usos» perdieron popularidad a favor de los «nuevos usos» cristianos, y sobre la década del año 900 la región era totalmente cristiana. Pero gran parte de su cultura y folclore pervivió y los encontramos hoy día entre los actuales escandinavos y pueblos nórdicos. En Noruega, los dioses están representados en edificios gubernamentales; aparecen en la televisión pública danesa; han quedado inmortalizados en la capital de Islandia en los letreros de las calles; se alude a ellos en las historias que explican la formación de las montañas; siguen presentes en dichos populares, nombres de lugares y canciones;

y se habla de ellos a los niños a través de cuentos y leyendas. La tradición oral sitúa figuras como la de Loki en el paisaje inmediato de sus vidas, y es por ello que los mitos y los dioses nórdicos siguen siendo elementos básicos de la cultura popular.

¿QUIÉN ES LOKI?

En el mundo de los dioses, gigantes de la escarcha, valquirias y palacios dorados, de sinuosos fiordos y montañas cubiertas de niebla, no existe figura alguna que capte la imaginación de un modo tan apasionado como un cierto Loki Laufeyjarson.

Audaz, intrigante y de una astucia increíble, a Loki le encanta hacer todo tipo de diabluras, impulsado por su propia curiosidad y un enorme deseo de divertirse.

A primera vista parece fácil saber quién es Loki; es un dios, conocido por sus travesuras y por causar problemas entre sus homólogos. Pero los intentos por meterse bajo la piel de este extravagante personaje han dejado a muchos más confusos que antes.

¿De qué es el dios? ¿Es tan solo un embaucador? ¿Una deidad del fuego? ¿Es bueno o malo? Cuanto más profundizamos en quién es y qué hace, más enrevesado parece, y más carecen sus atributos de un hilo conductor. Al menos, eso es lo que parece.

La mayor parte de los intentos por cuantificar a Loki caen en el error de tratarlo como una figura literaria, como un personaje que solo existe dentro del universo presentado en su línea argumental, definido por el papel que desempeña en él. Pero Loki es un dios, y los dioses son fuerzas que existen en el contexto del mundo natural que nos rodea. Las historias simplemente nos cuentan quienes son esas fuerzas, pero Loki, como Bugs Bunny, es un experto en subvertir las historias de las que forma parte, siendo muy consciente de sí mismo. El folclore escandinavo no se equivoca al denominar a Loki *sagna hroerir*, es decir, «el que altera las historias».

EL PROPÓSITO DEL FOLCLORE Y LA MITOLOGÍA

Para entender a Loki, tenemos que comprender el propósito de la mitología nórdica y del folclore escandinavo. Conocer la función que cumplen las historias llevará a una mejor comprensión del papel que en ellas desempeña Loki.

El escritor noruego Jan Sigurd Horn describe la mitología como «la forma [de la humanidad] de expresar el conocimiento que poseemos sobre la realidad metafísica en la que creemos». A menudo pensamos en la mitología como una recopilación de relatos espirituales, estáticos e invariables, o como una historia de los dioses. Pero esta impresión probablemente procede del hecho de que aprendemos sobre mitología mediante registros escritos, que de por sí son estáticos e invariables. Una mitología viva es mucho más dinámica. En pocas palabras, la mitología de una sociedad son los relatos que cuentan quiénes son y cómo viven sus miembros.

¿ES LA MITOLOGÍA UNA HISTORIA DIVINA?

Podríamos sentirnos tentados a considerar la mitología nórdica como una historia completa de las hazañas de los dioses. Pero los mitos nórdicos no son una historia, ni pueden en verdad serlo, ya que no poseen un orden cronológico; solo adquieren un cierto orden cuando se recopilan en una antología escrita. Además, algunos de los relatos varían según la región, y otros pertenecen solo a una comunidad en concreto.

LA FUNCIÓN DE LA MITOLOGÍA

La mitología hace que una cultura conforme una identidad, una comprensión de sí misma y un paradigma de cómo encaja en el tejido de todas las cosas. Asimismo,

proporciona un vehículo para la educación y un modo de describir las fuerzas y los fenómenos del universo. Pero quizás lo más importante es que es un vector a través del cual cobra sentido el mundo en el que vivimos y nuestra relación con él.

La mitología de los pueblos nórdicos se desarrolló de forma orgánica a partir de la propia cultura, no como algo que les enseñó un líder religioso o una escritura sagrada. Los mitos eran alegorías que se utilizaban para explicar sucesos reales, sintetizando por medio de los relatos lo que se siente al vivir en la tierra.

Estas alegorías eran importantes porque, explicando fenómenos abstractos en términos de una experiencia sentida, los pueblos nórdicos conseguían que el mundo pareciera un lugar menos incognoscible donde vivir. Así que cuando veían los límites del mundo en los picos de las montañas y las profundidades de los volcanes, se sentían familiarizados con el carácter de estas cosas gracias a las historias sobre gigantes hostiles que representaban estos parajes inhóspitos. Puede que las historias que hacían del mundo un lugar familiar fueran lo que dio a los vikingos su famosa valentía a la hora de explorar el mundo.

FUENTES DE LA MITOLOGÍA NÓRDICA

A menudo captamos el sentido de la mitología completa de un pueblo consultando diferentes registros de la misma de épocas y lugares diferentes, y comprobando cómo ha cambiado. Lamentablemente, la mitología nórdica cuenta con poco material en el que basarse. A pesar de que estos pueblos poseían un sistema de escritura, no escribieron sobre su propia mitología, y los textos medievales que tenemos datan en su mayoría de la época en que ya se habían convertido al cristianismo.

Eso no significa que no podamos confiar en ellos. Por suerte contamos con unas instantáneas muy importantes de la mitología nórdica que podemos catalogar como auténticas de forma razonable.

La *Edda poética* o mayor

La *Edda poética* es una recopilación de poemas anónimos en nórdico antiguo, muchos de ellos referentes a los dioses. Existen diversas versiones de la *Edda poética*, muchas de las cuales se pueden encontrar en el *Codex Regius*, un manuscrito en islandés antiguo que se cree fue escrito sobre el 1270 e. c. Aunque el *Codex Regius* («El libro del rey» o «El libro real») se escribió casi 200 años después de la cristianización de Escandinavia, los relatos que contiene son muchísimo más antiguos y representan la mitología precristiana de los pueblos nórdicos.

La *Edda prosaica* o menor

La *Edda prosaica* es una mitografía escrita por el legislador y político islandés Snorri Sturluson sobre el año 1220 e. c. Consta de tres partes: *Gylfaginning* («La visión o alucinación de Gylfi»), *Skáldskaparmál* («El lenguaje de la poesía») y *Háttatal* («Compendio de métricas»). Los dos primeros libros recuerdan una serie de mitos y leyendas sobre los dioses nórdicos.

A pesar de que Snorri era un político cristiano que escribía para un público cristiano en una época en que el paganismo se veía con malos ojos, en realidad hizo lo posible para preservar los mitos nórdicos en su forma original, envolviéndolos en un fino desmentido de «estos no son dioses reales, sino nobles troyanos» antes de pasar a contar los relatos nórdicos tal como probablemente se recordaban.

El libro tenía una intención política. Snorri quería que Islandia se uniera bajo el mandato del rey Haakon IV de Noruega, y escribió la *Edda prosaica* para demostrar el patrimonio cultural común de Islandia y Noruega. Su obra sigue siendo un punto de referencia para la mitología nórdica, en especial por su extensión.

Otras sagas

Existen más sagas, predominantemente islandesas, que apuntan a diferentes aspectos de la mitología, el folclore y la cosmovisión nórdica, como la *Völsunga*, o saga de los volsungos, y la *Gesta Danorum*. Aunque algunos de estos textos mencionan la mitología nórdica y el paganismo, no siempre lo hacen en un tono halagador; no en vano, fueron escritos después de la cristianización.

Tradiciones orales

Incluso hoy día, restos de los mitos y del folclore nórdicos impregnan las tradiciones orales de Escandinavia e Islandia. Circulan entre la sociedad y entre quienes siguen practicando el paganismo nórdico.

¿CÓMO DEFINIMOS A UN «DIOS» EN LA COSMOLOGÍA NÓRDICA?

Diferentes culturas tienen formas diferentes de ver el mundo, y eso incluye sus deidades y las características de las mismas. Para saber quién es Loki, debemos entender cuál es el papel de los dioses en la cosmología nórdica.

omo sistema de creencias politeísta, la cosmología nórdica se caracteriza por la presencia de múltiples deidades. Las deidades de todas las religiones suelen tener su origen en las historias de personajes del pasado y en sus hazañas, o bien proceden de la personificación de fenómenos mundanos como la muerte, el movimiento del Sol y de la Luna, o la actividad volcánica. Pero el modo en que una cultura ve a sus deidades, y el tipo de relaciones que mantiene con ellas, varía de una cultura a otra.

Es difícil definir con exactitud cómo veían los pueblos nórdicos a sus propias deidades. Pero lo que sí podemos decir es que no caracterizaban a los dioses como todopoderosos, ni como poseedores de un control total sobre los cielos, la tierra y el destino. Los dioses nórdicos eran sabios y capaces, pero también de carácter extremadamente humano; cometían errores y podían ser dominados o burlados. Es interesante destacar que también podían morir, aunque la «muerte» se caracterizaba por «ir a un lugar diferente» en lugar de trascender el mundo o dejar de existir por completo.

Una impresión común que hoy día tenemos de las deidades es que eran gobernantes o «señores» de ciertos dominios. Aunque este es el caso en algunos pan-

teones, no es del todo cierto en el nórdico. En lugar de ello, los dioses nórdicos tienden a encarnar las dimensiones de la vida en las que habitan, habiendo sido moldeados por esas cosas de la misma manera en que las personas son moldeadas por los paisajes en los que han vivido y en sus experiencias.

Loki es de naturaleza caótica y traviesa, pero eso no le convierte en el regente del caos y de las artimañas, son solo rasgos de su personalidad. Loki «habita» en todo aquello que sirva de vector para sus

diabluras; en historias, festivales y carnavales, en tramas y maquinaciones, en el fondo de una jarra de cerveza o en todo lo fastidioso de la vida, como una mosca molesta o un pez que se niega a morder el anzuelo.

DEFINICIONES IMPRECISAS

Las líneas divisorias entre deidad, espíritu y ancestro se solapan, puesto que la sociedad nórdica veneraba a los tres. En el paganismo nórdico contemporáneo sucede más o menos lo mismo. Un «dios» es más bien una función que un «tipo» de ser, y un dios podría haber empezado como ancestro humano o como espíritu del lugar no humano antes de ser deificado.

LAS DOS FAMILIAS DIVINAS

Los Aesir

Los Aesir (pronunciado ah-zir) son la familia principal de las deidades del panteón nórdico. Viven en el enclave llamado

Asgard, cuyo nombre proviene del antiguo nórdico *áss*, que significa «[un] dios», y *garðr*, que significa «granja» o «recinto». Podemos considerar a los Aesir como una unidad familiar que vive en su propio enclave. La mayor parte de los relatos sobre dioses se centran concretamente en las hazañas y actividades de los Aesir. En los mitos nórdicos, los Aesir y Asgard son una alegoría de la idea de pueblo y civilización. Loki es considerado parte de los Aesir.

Los Vanir

Los Vanir son otra familia de deidades del panteón nórdico, que habían combatido en una guerra lejana contra los Aesir. Los Vanir son del reino de Vanaheim, representado como un lugar exuberante, verde y de clima templado. Los dioses de Vanaheim —Njord y sus hijos Frey y Freya— se caracterizan también por poseer estas cualidades, asociadas con un clima templado y con la fertilidad.

EL COSMOS NÓRDICO

En la cosmología nórdica no existe simplemente un cielo y una tierra,
sino nueve reinos, es decir, múltiples mundos cosmológicos conectados entre sí
por las ramas y las raíces del árbol cósmico Yggdrasil.

YGGDRASIL

1 Asgard **2** Vanaheim **3** Alfheim **4** Midgard **5** Muspelheim **6** Niflheim
7 Jötunheim **8** Nidavellir **9** Svartalfheim

os nombres de los nueve reinos nunca se enumeran específicamente, y los que aparecen en la *Edda poética* y la *Edda prosaica*, sumados, son muchos más que nueve. No obstante, algunos pensadores han intentado deducir cuáles podrían ser los nueve reinos si de hecho se trataba de nueve canónicos. Henry Adams Bellows, que en 1923 tradujo una versión de la *Edda poética*, sugirió esta lista:

Asgard («la granja de los dioses») es el hogar de los Aesir. Es donde numerosos dioses tenían sus palacios, entre ellos el Valhalla de Odín. El puente Bifrost conecta Asgard con Midgard, y se representa con el arcoíris. No se sabe de cierto si Loki tiene su propia morada en Asgard, porque no hay ninguna referencia a ello.

Vaneheim («hogar de los Vanir») es donde viven los dioses Vanir, como Frey, Freya y Njord. Vanaheim se representa como una tierra exuberante de clima templado.

Alfheim («hogar de los elfos»). El término «elfo» es similar a «hada», en el sentido de que cubre una variedad de seres feéricos. Se dice que los elfos de Alfheim eran los *ljósálfar* o elfos de luz. Alfheim fue un obsequio que los dioses le hicieron a Frey.

Midgard («tierra media») es el mundo tangible que nos rodea, el hogar de los seres humanos, las plantas y los animales que allí viven. Midgard se representa como «un recinto», un entorno auto-contenido que es a la vez la morada y la barrera que la contiene y que mantiene alejadas a las fuerzas salvajes, como los gigantes. En este sentido, Midgard puede considerarse algo así como un terrario.

Muspelheim (que significa «incierto») es otro mundo primordial como Niflheim, solo que hecho de calor y llamas. Allí habitan los gigantes de fuego, como Surt. Durante la creación del mundo, Muspelheim fue empujado a lo más alto, por encima de Midgard, y se mantiene separado del mismo por la barrera del cielo. Mientras apuntalaban el cielo se escaparon algunas chispas, que se convirtieron en las estrellas.

Niflheim («mundo de niebla») es un reino primordial de escarcha y hielo, rodeado de niebla. Es donde discurren los ríos Elivagar desde el manantial burbujeante de Hvergelmir. Niflheim se superpone con Helheim y Niflhel, moradas de los difuntos. Durante la creación de Midgard, Niflheim fue empujado bajo tierra para que no congelara el mundo.

Jötunheim («país de los gigantes») es el hogar de los gigantes. Es montañoso, salvaje e inaccesible por los medios habituales; para alcanzarlo, los dioses a menudo tienen que atravesar cuerpos de agua o emplear la magia para poder volar.

Nidavellir («país oscuro bajo tierra») es el hogar de los enanos, maestros artesanos y herreros. Nidavellir podría ser una morada en el interior de Svartalfheim, o tal vez sean la misma cosa. También se denomina Myrkheim, o «morada oscura».

Svartalfheim («mundo de los elfos oscuros») es el hogar de los *dökkálfar*, los elfos de la oscuridad, que viven bajo tierra y poseen una naturaleza distinta a los elfos de la luz. Los dioses van a Svartalfheim para hacerse con Gleipnir, la cadena hecha con cosas imposibles que utilizan para sujetar a Fenrir, el lobo gigante.

JÖTUNHEIM:
LA TIERRA DE LOS PADRES DE LOKI

Jötunheim, el país de los gigantes (*jötnar*), es una región montañosa muy parecida a sus habitantes: salvajes, indomables y de carácter inhóspito. Sin embargo, también se dice que es una zona próspera, y que algunos de los gigantes que allí viven se representan como jefes ricos con grandes y suntuosos palacios.

Jötunheim está situado en el límite del mundo, en un lugar más allá del recinto de Midgard. Está separado de Asgard, el reino de los dioses, por un río llamado Ifing (que significa «violencia»). Si este río llegara alguna vez a helarse, permitiría a los gigantes invadir las tierras de los dioses.

El reino se representa como un país rico, con montañas de enormes proporciones, ideales para los gigantes que allí habitan. No es fácil llegar a Jötunheim, ni siquiera para los dioses, y está separado de la sociedad humana por el recinto en el que vivimos: Midgard. La ubicación mitológica de Jötunheim tiene un paralelismo con un lugar real de Noruega: las montañas de Jötunheimen. Es interesante que esta cordillera se denomine así por la mitología, en lugar de al contrario. Las montañas de Jötunheimen personifican las mismas características que sus homólogas mitológicas, y los picos de los escarpados montes desaparecen entre las nubes. El folclore afirma que hay gigantes sentados en estas cimas, que arrojan piedras y originan deslizamientos para atacar a las personas que pasan por allí.

LAS ENTIDADES NÓRDICAS

La mitología nórdica y el folclore escandinavo están poblados por toda una serie de criaturas. Muchas de ellas tienden a ser de naturaleza inclasificable, y algunas se confunden con otras. Estas son algunas de las diferentes entidades que suelen aparecer en los relatos.

NORNAS

Las nornas o *nornir* son deidades femeninas que determinan el curso de la suerte y el destino. Sus nombres son Verdandi, Urd y Skuld, que significan «llegar a ser», «llegó a ser» y «será», respectivamente. Extraen agua sagrada de un pozo situado en la base de Yggdrasil y riegan el árbol con ella para que esté lozano. Se cree que existían otras nornas que visitaban a los recién nacidos para determinar su futuro.

VALQUIRIAS

Las valquirias o *valkyrjur* son las mujeres que cabalgan por los campos de batalla y se llevan a los guerreros caídos, una vez muertos, al palacio de Odín, en el Valhalla. La palabra *valquiria* significa «la que escoge a los caídos». Se las representa a veces con alas o cabalgando sobre caballos alados, y cuentan con sus propios relatos en las antiguas sagas nórdicas.

EINHERIAR

Los *einheriar* son los guerreros caídos en batalla elegidos para vivir en el Valhalla. Se atracan de comida por la noche y pelean durante el día como entretenimiento, a la espera que Odín les convoque para la lucha final del Ragnarök. La palabra *einheriar* literalmente significa «ejército de uno» o «aquellos que luchan solos».

ALVAR

Alvar es el término con que se designa a los elfos, que se representan de diversas formas. Están los elfos de luz, que habitan en los luminosos planos celestiales, y los elfos oscuros, que viven en las profundidades de la tierra; podrían ser o no lo mismo que los enanos. En ocasiones se les describe como altos y otras veces pequeños.

WIGHTS

Wight es un término genérico para «espíritu» y puede referirse a cualquier tipo de entidad en general. Proviene de la palabra *vættr* del nórdico antiguo.

LANDVÆTTIR

Los *landvættir* son espíritus de la tierra, seres que encarnan o personifican un paisaje o un entorno específico. La propia tierra es la forma corpórea del espíritu.

NISSE/TOMTE

Los *nisse* o *tomte* son espíritus domésticos, algo así como los duendes o gnomos; se cree que atraen la suerte y la prosperidad al hogar. No todas las casas poseen un *nisse*, pero cuando alguien se mudaba era importante que tuviera en cuenta que el *nisse* fuera feliz y que formara parte de la actividad del hogar. Parte de ello consistía en mantener la casa limpia y ordenada y dejarle ofrendas de copos de avena (con mantequilla) al lado del fuego.

TROLES

Aunque en los cuentos de hadas aparecen como criaturas con cola de vaca que se convierten en piedra al darles la luz del sol, los troles como espíritus se pueden definir de una forma más amplia. En las lenguas escandinavas, *troll* tiende a denotar cualquier cosa que sea «otra», y la palabra tiene connotaciones de magia y brujería. Los troles adoptan aspectos muy diferentes: rocas de gran tamaño, gatos, personas, seres incorpóreos y otros. Aquello que convierte a algo en un trol tiene que ver con las cualidades que posee, no con su aspecto físico. En muchos sentidos, los troles son similares a los *jötnar*.

VÖLVA

Völva es la palabra del antiguo nórdico para bruja, vidente o mujer sabia, y significa «portadora del báculo». La *völva* practicaba un tipo de magia conocida como *seid*, que utilizaba para profecías, augurios y andanzas por otros mundos. La palabra *spákona*, literalmente «mujer profecía», era intercambiable con *völva*.

JÖTNAR

Los *jötnar* (singular: *jötun*) son seres que personifican los paisajes y las fuerzas salvajes e indomables del mundo. Habitan en lugares que el ser humano podría visitar pero no vivir en ellos, por el calor o el frío extremos: en los picos helados de las montañas, en el corazón de un volcán, en las profundidades del mar, en lo más crudo del invierno, etc. Su reino se llama Jötunheim.

A los *jötnar* se les llama «gigantes» en nuestro idioma, aunque no siempre son de gran estatura. Más bien su naturaleza «gigantesca» proviene de la energía de su presencia, que se siente salvaje, sin refinar, imponente. Muchos de los dioses nórdicos son *jötun* o lo son en parte, como Odín, cuya madre era *jötun*, así como su amante Jord, madre de Thor.

THURS

Los *thurs* son gigantes que representan las fuerzas hostiles para la vida humana: erupciones volcánicas, desprendimientos de rocas, avalanchas, entre otras. La hostilidad de estas fuerzas se representa alegóricamente como «odio hacia los humanos» en los mitos nórdicos. Aunque los típicos gigantes pueden ser sociables, no pasa lo mismo con los *thurs*. La palabra «thurs» proviene del nórdico antiguo *hrímþursar*, que se suele traducir como «gigante de escarcha». Pero del mismo modo que *jötun* no significa en realidad «humanoide de gran tamaño», *hrímþursar* tampoco significa «humanoide de gran tamaño, elemental de la escarcha». Más bien sería algo así como «las fuerzas hostiles que habitan en los confines helados del mundo».

Términos como «gigante de escarcha» o «gigante de fuego» evocan el entorno donde habita el gigante más que su aspecto físico.

DVERGR

Se dice que los *dvergr* o enanos habitan en las profundidades de la tierra. Se los representa como maestros artesanos, sobre todo fabricantes de objetos de metal hechizados o imposibles. En las historias, los dioses van a visitar a los enanos cada vez que necesitan algo de excepcional manufactura.

¿QUÉ ES EL RAGNARÖK?

Es un acontecimiento importante de la mitología nórdica: la batalla final y el ocaso del cosmos y de los dioses. Empieza con un terrible invierno que dura tres años...

En el poema *Völuspá*, contenido en la *Edda poética*, Odín se va a consultar a una vidente para conocer el destino de los Aesir. Ella ve un futuro lleno de sucesos angustiosos: Loki está atado bajo tierra, el lobo Garm aúlla frente a las puertas de Helheim antes de liberarse, los lobos se tragan el sol y la luna, Heimdall hace sonar el Giallahorn para avisar a los dioses de la inminente fatalidad, y todos los guerreros del Valhalla acuden a toda prisa a luchar contra los gigantes de fuego de Muspelheim y los difuntos de Helheim, que se escaparon de sus reinos. La pitonisa ve que casi todos los dioses mueren, entre ellos Loki, que cae luchando contra Heimdall, y Odín, que es engulido por el lobo gigantesco Fenrir, antes de que el mundo perezca envuelto en llamas.

Este acontecimiento se conoce como Ragnarök, una palabra que se traduce como «el ocaso de los dioses». Snorri también habla de él en su *Edda prosaica*, donde describe los sucesos con mayor detalle.

A pesar de que nunca se describe de forma explícita en los mitos nórdicos, el Ragnarök se va gestando a partir de numerosas pequeñas acciones, y el comportamiento de los dioses contribuye a su manifestación: rompen juramentos, abusan de la confianza, toman decisiones precipitadas, destierran a aquellos que temen o que les hacer sentir frustración, e intentan controlar o subvertir la naturaleza de otros seres que no son de su agrado. Todo lo que ocurre durante el Ragnarök conforma un escenario en el que las personas ya no se reconocen entre ellas como tales. La consecuencia principal es que las relaciones se vienen abajo, desde alianzas y amistades hasta relaciones familiares, incluso acuerdos diplomáticos.

Los pueblos nórdicos eran una sociedad que dependía en gran manera de su tradición oral para conservar el conocimiento colectivo. Si las relaciones entre las personas se malograban, también lo haría la memoria cultural de la comunidad. Todo, desde la historia a la tecnología y la mitología, desaparecería por completo y tendrían que reconstruir de nuevo la sociedad.

Aunque la mayor parte de los dioses mueren durante el Ragnarök, los que sobreviven regresan al campo donde se había construido Asgard. Allí encuentran las piezas de oro del juego de ajedrez con el que habían jugado hacía tiempo, y construyen un nuevo palacio donde antes se erigía Asgard.

CAPÍTULO 2:

¿QUIÉN ES LOKI?

Loki es un ejemplo de todo tipo de artimañas.
En este sentido, Loki puede ser una gran fuente
de entretenimiento, molestias o problemas,
dependiendo de hasta dónde quiere llegar.
Este capítulo examina todo lo que hay que saber
sobre Loki como persona, y de qué manera
se le percibe como figura cultural.

EL NOMBRE DE LOKI

El nombre de Loki y su significado son muy apropiados para su personaje, pues son elusivos y se resisten a encasillarse. Loki recibe otros nombres en los mitos, y podría tener conexiones con otros.

LOKI

El origen etimológico de la palabra «Loki» se encuentra en el término proto-indo-europeo *luk-*, que indica cosas relacionadas con nudos, bucles, ganchos y cierres. El bucle y el movimiento de cierre implícito apuntan a que el nombre de Loki podría significar «el que enreda» o «enredador», algo que resulta evidente en su carácter. Al fin y al cabo, Loki siempre está creando nudos y enredos en el tejido de la vida de los Aesir. En la *Edda poética* también se le atribuye la invención de la red de pescar, compuesta por nudos y utilizada para atrapar peces.

En el folclore escandinavo, a veces se culpa a Loki por los nudos y los enredos de la lana de tejer. Su afición por los enredos también queda inmortalizada en las descripciones de arañas y sus hábitos. La palabra feroesa para «telaraña» es *lokkanet*, que significa «la red de Lokke». El nombre de Loki se escribe de diversas formas en las lenguas escandinavas modernas, dependiendo de la región, por ejemplo, Lokki, Loke y Lokke. Existen otras variantes, como el danés Lokkemand y el sueco Luki y Luki.

LAUFEYJARSON

El apellido de Loki, que significa «hijo de Laufey», es singular porque es el nombre de su madre, Laufey, en lugar del de su padre, Farbauti. No queda claro por qué Loki se llama «hijo de Laufey» en lugar de «hijo de Farbauti», solo que era algo habitual en los usos de los nombres del nórdico antiguo.

LOPTR

Loptr o Lopt, una palabra del nórdico antiguo que significa «aire», es otro nombre bien contrastado de Loki. Se dice de él que era capaz de cruzar el cielo corriendo y el agua con ayuda de sus botas mágicas.

LODURR

Es posible que Loki sea el mismo dios Lodurr, que se menciona brevemente en las *Eddas* y a quien se atribuye la participación en la creación de la humanidad. Se dice que Lodurr entregó a los humanos algo llamado *lá*, que se interpreta como «la capa de carne» o «el calor de la tez que da la sangre». Pero no existen pruebas definitivas de que Loki y Lodurr sean la misma persona, por lo que esto no deja de ser solo una especulación.

HVEDRUNG

Hvedrung, una palabra del nórdico antiguo que se ha traducido por «el que ruge», es otro de los nombres que se da a Loki, por lo general en los *kennings* dedicados a sus hijos. Para una lista de *kennings* asociados con Loki, *véase* la página 100.

LA PERSONALIDAD DE LOKI

Las historias, mitos y conceptos culturales sobre Loki nos dan una imagen clara y coherente de quién es como persona. En las siguientes páginas se detallan algunos de los rasgos más destacados de su personalidad.

ASTUTO

Snorri Sturluson describe a Loki como «especialmente dotado en un tipo de intelecto llamado astucia». Tendemos a pensar en «astuto» como «listo, espabilado», y eso es verdad, pero *kunnig* tiene también otra connotación: es la habilidad de tomar algo que se sabe en teoría y aplicarlo a la práctica.

Uno de los mejores ejemplos de lo que es la astucia se encuentra en los angustiosos, pero al final exitosos, esfuerzos de la misión del Apolo 13. Cuando uno de los tanques de oxígeno explotó, los astronautas tuvieron que ingeniárselas para arreglarlo con los materiales que tenían a bordo de la nave, y en un plazo de tiempo limitado. El hecho de que lo hicieran demuestra su alto grado de «astucia», porque saber cómo funciona el tanque, y cómo adaptar ese conocimiento a las circunstancias inmediatas, son dos tipos de conocimiento diferentes.

Loki destaca en este tipo de pensamiento innovador. Pero en lugar de utilizarlo para hazañas de proporciones astronómicas, por lo general lo emplea para hacer diabluras y divertirse.

La astucia de Loki ha servido para producir algunos de los tesoros más valiosos de Asgard (entre ellos el martillo de Thor) y para ayudar a los Aesir a salir de numerosos aprietos. Allí donde termina el pensamiento convencional, empieza la innovación de Loki.

ENREDADOR

Como ya he mencionado antes, a Loki le encantan las travesuras. Existen montones de espíritus traviesos en el folclore escandinavo, pero podríamos decir que Loki es su personificación.

La descripción de Loki en los mitos nórdicos es un reflejo de cómo se expresa en nuestra vida cotidiana nuestro propio sentido de la picardía. Cuando esta se ejerce en las dosis adecuadas, resulta en capricho, entretenimiento, diversión e innovación. Pero tanto la picardía como Loki tienden a pasarse de la raya. Si se llevan las cosas demasiado lejos habrá consecuencias, y, al igual que Loki tiene que arreglar el resultado de sus acciones, también nosotros debemos hacerlo si nos hemos comportado mal.

Sin embargo, culpar a nuestro sentido de la picardía por los resultados que produce, o negarse a hacerle un espacio en nuestra vida, también acarrea consecuencias. Así es como la picardía se convierte en malicia, que como resultado se expresará de forma vengativa.

El hecho de «reprimir» la picardía en nuestro interior hace que desaparezca nuestra sensación de bienestar, de la misma forma que el hecho de que los dioses ataran a Loki bajo la tierra acabó con el suyo (verá cómo esta alegoría se manifiesta al leer las historias sobre Loki del capítulo 3).

Loki encarna todas estas facetas de la picardía, las buenas y las malas. No se trata solo de quién es, sino de qué es, y eso afecta al resto de su carácter.

DINÁMICO

Las acciones y las travesuras de Loki y su talante en general apuntan a la experiencia de muchos paganos nórdicos: que Loki es una fuerza «ruidosa». Posee gran energía y es extravertido, algo que debemos recordar en su caso, porque su energía no siempre resulta «divertida».

Es por este dinamismo que Loki está siempre en movimiento. Muchos de los relatos de la mitología nórdica empiezan con Loki decidiendo meter las narices donde no debe.

DIVERTIDO

La afición de Loki por la diversión lo convierte en un personaje muy cómico. A menudo recurre a la hilaridad simplemente porque hay algo que le parece gracioso. Un buen ejemplo de ello es cuando hizo reír a la diosa Skadi, con el truco visual de atarse los testículos a la barba de una cabra y proceder al tira y afloja más absurdo que se pueda imaginar (*véanse* págs. 50-51 para saber más sobre ello).

Descubrir el humor en la vida es una de las grandes habilidades de Loki, porque significa que es capaz de encontrar la alegría incluso en los lugares más oscuros. Por ello, si está bajo de ánimo, Loki hallará la forma de ayudarle.

ENGAÑOSO

Probablemente la menos atractiva de las cualidades de Loki es su tendencia al engaño. Muchas de sus andanzas tienen que ver de un modo u otro con el engaño. Se disfraza, miente y confunde a las personas para conseguir sus metas.

Loki no es el único en recurrir al engaño en los mitos nórdicos. Todos los dioses lo emplean en algún momento u otro, ya sea para obtener de otros sus bienes o habilidades, o para producir el resultado que ellos desean.

De todos modos, el carácter engañoso de Loki sobresale entre los demás. No solo es algo teatral, sino que lo utiliza a menudo. Es por ello que, a diferencia del resto de los Aesir, a Loki le motiva la travesura por ella misma, más que por su resultado. Emplea artimañas cuando ve la oportunidad de hacerlo, y casi siempre que Loki engaña con la idea de obtener un resultado concreto, es porque alguien se lo ha encargado (a menudo mediante amenazas de muerte).

A pesar de la astucia de Loki, la naturaleza del engaño es que únicamente funciona si no nos pillan. Loki es descubierto numerosas veces, pero suele salir airoso de estas situaciones empleando el mismo método: el engaño.

¿ES UN «BUEN» TIPO?

Es fácil confundirse sobre si las intenciones de Loki son buenas o malas, pero esto se aclara cuando quitamos la «moralidad» de la ecuación. Simplemente es algo no aplicable a los procesos de toma de decisiones de Loki; su prerrogativa es simplemente lanzarse de cabeza al potencial de la vida. Para él, esto significa cometer alguna diablura.

Por este motivo, muchas personas sienten aprensión ante la idea de acercarse a Loki. Se preguntan si rendirle culto será como abrirle la puerta al caos y exponerse a su mente intrigante. Pero yo les recuerdo que el afecto que siente Loki por la humanidad es la razón principal por la que se relaciona con nosotros. Ahora bien, al igual que cualquier otra relación interpersonal, si nos llevamos bien o mal con él dependerá de nuestra compatibilidad.

EL ASPECTO DE LOKI

¿Cuál es el aspecto de Loki? Esa es una pregunta difícil para alguien dado a la metamorfosis. La forma de Loki tiende a cambiar, pero posee unos rasgos que metafóricamente reflejan su naturaleza furtiva, y a menudo se le representa delgado y pelirrojo.

UN ROSTRO ATRACTIVO

Aunque Loki cambia de forma y puede adoptar el aspecto que le plazca, tiende a mostrar un gran carisma. El propio Snorri lo describió de un modo similar al Lucifer del cristianismo, llamándole «agradable y de aspecto atractivo, de naturaleza malvada, de carácter caprichoso», para recordar a su público cristiano lo de «las apariencias engañan». Snorri no es exactamente lo que podríamos llamar un narrador fiable cuando se trata de cualquier interpretación no cristiana de los mitos, así que no queda claro si la belleza es algo inherente a Loki o algo que él añade para describirle como la versión nórdica del diablo.

CICATRICES EN LOS LABIOS

Los arqueólogos han descubierto una serie de artefactos que representan a Loki con los labios cosidos. Este motivo es una referencia a una de las historias de Loki (véanse págs. 52-54), en la que se juega la cabeza en una apuesta y pierde. Pero antes de que reclamen su testa, Loki proclama que solo fue la cabeza lo que se apostó, no el cuello. Como no pueden tocarle el cuello, le cosen los labios. Aunque este castigo solo duró el tiempo que tardó Loki en quitarse los puntos, el motivo de los labios cosidos se convirtió para los pueblos nórdicos en una forma sucinta de representar a Loki en tallas de piedra y metálicas. La razón por la que lo eligieron es sencilla: los puntos son fáciles de ver e indican claramente el tema que representan, puesto que solo Loki fue castigado de esta manera.

LA CUESTIÓN DEL MOSTACHO

Aunque no es habitual en las representaciones modernas, en las versiones antiguas Loki solía aparecer, además de con los labios sellados, con un fabuloso y ostentoso mostacho. Es posible que solo se tratara de una representación alegórica de la picardía de Loki, del mismo modo que ahora se le describe como pelirrojo. Como mis amigos escandinavos han indicado, hoy día no se suele representar con bigote, ya que este es un detalle que generalmente se atribuye a los «hombres varoniles» de los Aesir.

SEGÚN QUIEN LO MIRA

En el caso de la mayoría de paganos que he conocido, que trabajan o se relacionan de algún modo con Loki, la apariencia del dios depende de la forma en que ellos creen que expresa su naturaleza. El aspecto tiene una función básica para alguien tan aficionado a la metamorfosis como Loki: es un vehículo para contar una historia, no una manera de mostrar la identidad. La identidad se expresa de otras formas, por ejemplo mediante su temperamento y personalidad.

LAS CARACTERÍSTICAS DE LOKI

Ahora que conocemos la personalidad y el aspecto de Loki,
veamos sus características. Algunas de ellas definen muy bien quién es y cuál
es su naturaleza, y todo ello es importante para llegar a comprenderlo.

GIGANTE

Loki es *jötun* o parte *jötun*, dependiendo de si interpretamos que su madre forma parte de los Aesir (y, por tanto, es una diosa), o es un gigante como su padre. Esto último parece ser lo más probable, dado que el nombre de Laufey significa «frondosa» y sugiere una conexión con la naturaleza.

Al igual que muchos de los dioses que son gigantes o medio gigantes, Loki se representa como una fuerza salvaje. Él es algo que atraemos hacia nuestra vida y le reservamos un espacio en nuestras casas, pero que no siempre consideramos una parte omnipresente en la vida doméstica. Llega en forma de cosas como fiestas, festivales, bromas, chistes y todo tipo de entretenimiento.

Del mismo modo que designamos un espacio para el fuego —en este caso la chimenea—, el espacio que reservamos para Loki debe contar también con

un límite. Las fiestas y los festivales nos animan y representan un respiro entre la monotonía, pero llega un punto en que nos cansamos y deseamos librarnos de esa energía. Por más que lo queramos, no podemos vivir constantemente bajo la luz de los focos o sobre el escenario.

METAMORFOSIS

Hablemos de la habilidad de Loki para cambiar de forma. Aunque otros dioses y diosas de los mitos nórdicos han demostrado también esta capacidad, sin duda Loki es el más prolífico. Basándonos tan solo en lo que cuentan los relatos, Loki se ha transformado en salmón, caballo, mosca, foca, una anciana, una novia y una mujer trol. También ha tomado prestada la piel de halcón de Frigg para adoptar la forma de esta ave.

La habilidad transmutativa de Loki va de la mano con sus cualidades de embaucador, astuto y pícaro. Es un actor nato por la forma en que se compromete con el papel que interpreta, llegando a veces a engañar a los Aesir con sus disfraces.

LAS ASOCIACIONES DE LOKI

Como muchas otras deidades nórdicas, no existe una lista oficial de correspondencias atribuidas a Loki. No obstante, ello no significa que no haya cosas que se asocien con él desde el punto de vista cultural. Examinemos algunas de las más significativas.

LA PESCA

Loki y la pesca parecen ir de la mano. En más de una ocasión se habla de alguna andanza acuática de Loki. Se le atribuye la invención de la red de pescar, ha aparecido como una serie de criaturas acuáticas como el salmón, y ha protegido al hijo de un granjero de un gigante furioso convirtiéndole en una hueva de salmón. Incluso existe un símbolo mágico islandés que trae buena suerte en la pesca y que lleva el nombre de Loki: *kaupalokki.*

La propia pesca se asemeja a una alegoría de la naturaleza de Loki; la actividad requiere emplear algún truco para atrapar algo escurridizo que a veces resulta muy difícil. Tal vez por ello existen tantas referencias de Loki y la pesca, ¡seguro que se le daba muy bien!

SERPIENTES

La serpiente es un símbolo muy común para Loki, en especial en Estados Unidos. Tal vez sea porque la serpiente se asocia también con la traición y las artimañas en la cultura norteamericana. Pero esta asociación no carece de fundamento, ya que la serpiente desempeña un papel notable en la mitología de Loki. Su hijo, Jormungand, es la serpiente de Midgard que circunda la tierra. Según las *Eddas* islandesas, en un momento determinado los Aesir atan a Loki bajo tierra y colocan a una serpiente encima, que va dejando caer veneno sobre su rostro. La danesa

Gesta Danorum ofrece una versión diferente: Loki es encerrado en una cueva llena de serpientes que no paran de retorcerse ante él.

En épocas modernas, Loki y las serpientes presentan una correlación más positiva, en especial tras la creación por parte de artistas paganos de la serpiente bicéfala al estilo Urnes. Esta imagen se ha convertido en un popular símbolo de Loki.

SPIDERS

A veces se mencionan las arañas como símbolo de Loki tanto en Estados Unidos como en Escandinavia. Las arañas tejen redes de la misma manera que Loki teje resultados. Muchos paganos consideran que ver una araña extraña en un lugar poco común es una señal de Loki. Quizás exista allí una relación más profunda... o tal vez a Loki simplemente le divierte enviar arañas a perseguir a las personas.

MOSCAS

Nada representa mejor la afición de Loki a molestar a los demás que las moscas. Loki se ha transformado en mosca en más de una ocasión; en una de ellas para robar el collar de Freya y en otra para distraer a un enano mientras forjaba el martillo de Thor, Mjölnir. (La intromisión de Loki es la razón por la que el mango del martillo es más corto de lo normal). Si ha tenido alguna vez la mala suerte de que le picara un tábano, sabrá exactamente lo molesto y pesado que puede llegar a ser Loki...

EL FUEGO DEL HOGAR

Antes de que Loki fuera considerado un dios, podría haber empezado como un tipo de espíritu doméstico. En concreto, algunos tienen la teoría de que era un espíritu que vivía al lado o debajo del mejor lugar de un antiguo hogar nórdico: el fuego.

No solo era el fuego de la chimenea el lugar más cálido de la casa, sino también donde se preparaban los alimentos. La asociación de Loki con la comida y el fuego se menciona en un par de mitos nórdicos.

Durante una salida con Odín y Hoenir, a la hora de comer capturan a una vaca e intentan asarla. Pero el gigante Thiazi —disfrazado de águila— embruja la vaca para que sea imposible cocerla, sea cual sea la temperatura que alcance el fuego. Loki se enfada tanto que intenta golpear a Thiazi con una rama, pero esta, por arte de magia, se pega a Thiazi y Loki sale volando agarrado a ella.

En otro incidente, Loki compite con un gigante llamado Logi para ver quién es capaz de comer más. Logi es supervisado por el hechicero *jötun* Utgard-Loki. Loki pierde el desafío: aunque se comió toda la carne en un tiempo récord, Logi, aparte de la carne, también se ha zampado los huesos e incluso parte de la mesa. Más adelante, Utgard-Loki revela que la razón por la que Loki perdió es porque Logi era el propio fuego, que había cobrado forma de gigante por las hechicerías de Utgard-Loki; como es sabido, no hay nada que consuma algo con mayor rapidez que el fuego.

Tal vez esta historia sea un guiño a la antigua relación de Loki con el fuego del hogar. Al fin y al cabo, la única fuerza que podía competir con él por los alimentos del caldero eran las llamas que ardían bajo el mismo.

LGBTQ+

Varias personas de diferentes países europeos piensan que Loki tiene una fuerte vinculación con el colectivo LGBTQ+. El inconformismo sobre el género y el sexo de Loki se pone de manifiesto a lo largo de toda la mitología nórdica. Numerosas veces se transforma en mujer, por ejemplo en la dama de honor de Thor, en una vieja hechicera, en una mujer que vivió unos años en Midgard, e incluso podría haberse transformado en una gruñona giganta llamada Thok. La metamorfosis más famosa es cuando Loki se transformó en yegua para seducir al semental de un albañil y acabó dando a luz a Sleipnir, el caballo de ocho patas. Otra historia relacionada con un nacimiento afirma que, en una ocasión, Loki se comió el corazón de una bruja y dio a luz a todos los monstruos del mundo.

Es evidente que tanto el género como la sexualidad de Loki son un tanto variables, y que cambia según el contexto. Por esta razón se considera a Loki un dios del colectivo LGBTQ+.

LOKI Y EL FUEGO

Con frecuencia se asocia a Loki con el fuego. ¿Es porque es un dios del fuego? ¿Es por su ardiente personalidad? ¿Es porque a veces se le representa como pelirrojo? ¿Existe alguna otra razón? La asociación de Loki con el fuego del hogar puede ser más de lo que parece.

A lo largo del tiempo, Loki y el fuego han ido de la mano de una forma u otra. Sin embargo, no se le representa como un dios del fuego, ni existen *kennings* a su nombre que le relacionen con el fuego. El único que tenemos que los relaciona a ambos se encuentra en el apartado *Gylfaginning* de la *Edda prosaica*, donde Loki compite contra un gigante llamado Logi, personificación del fuego.

En el folclore escandinavo se puede encontrar una vinculación de Loki con el fuego en los casos en que representa el papel de un *vätte*, o espíritu doméstico. En partes del sudeste de Suecia, Loki se asemeja al Ratoncito Pérez: cuando un niño pierde un diente, lo arrojan al fuego y dicen: «¡Lokke, Lokke, un diente de hueso por un diente de oro!», o palabras por el estilo. En el sur de Noruega, cuando hervían leche extraían la capa de nata que se forma en la superficie y la arrojaban al fuego como ofrenda a Lokje. Cuando un fuego crepita, se dice que «Loki está pegando a sus hijos».

La asociación de Loki con el fuego no se refiere tanto a las llamas como a la chimenea. Pero ¿qué conecta a Loki con el tema, si no es un dios del fuego? Yo tengo mi propia teoría: la conexión de Loki con el fuego del hogar, y de este con Loki, cobra sentido cuando pensamos en la función que este punto de la casa desempeñó en épocas antiguas.

En un tiempo sin televisión, sin libros, sin hornos ni fogones, la chimenea habría facilitado todo tipo de intercambio y entretenimiento en los hogares y los salones de los dioses durante los largos y fríos inviernos. Es donde se preparaban deliciosas comidas, se contaban historias, donde los niños jugaban, donde se tocaba música y se recitaba poesía, y donde la gente participaba en diversos juegos mientras tomaban algo. Si alguna vez llamaron a Loki «el dios del fuego del hogar», podría haber sido como denominarle «el dios de los medios de entretenimiento».

Algo curioso nos pasa también cuando entramos en una casa calentita tras haber estado todo el día fuera pasando frío; nos animamos, nos relajamos y tal vez se nos ocurre alguna travesura. El calor del fuego habría dado a los rostros un brillo sudoroso, o «la capa de carne» o «el calor de la tez que da la sangre», palabras que describen el don que Lodurr entregó a la humanidad... y si Lodurr es Loki (*véase* «El nombre de Loki», pág. 26), entonces el don de Lodurr —llamado *lá*— podría haber representado el hecho de sentirse animado.

El otro nombre de Loki, Lopt, que significa «aire», también cobra sentido en este contexto. Loki podría haber sido considerado un espíritu que jugueteaba entre las llamas y hacía reír y bailar a la gente, como un mago en el escenario. También entendemos por qué el relato de la competición entre Loki y Logi, para ver quién comía más, tiene su origen en el fuego: al contemplar las llamas, es fácil imaginarse a Loki y a Logi disputándose el caldero lleno de comida, suspendido de la chimenea.

Quizás sea por este ambiente de animación que Loki recibe el título de *sagna hrœrir*, o «el que altera las historias». Son las historias de Loki y el entretenimiento los que animan la vida y la hacen divertida e interesante. Antes de acceder a ello con tan solo encender el televisor, lo hacíamos a la luz parpadeante del fuego de la chimenea.

LA FAMILIA DE LOKI

Loki no es una figura solitaria, sino alguien que posee una extensa familia y relaciones importantes. A continuación, mencionamos algunos de sus miembros más significativos.

De izquierda a derecha: Jormungand (delante), Sleipnir (detrás), Odín, Thor, Farbauti, Laufey y Loki.

ÁRBOL GENEALÓGICO DE LA FAMILIA DE LOKI

LAUFEY   FARBAUTI

HELBLINDI   BYLEIST   LOKI ·········· ODÍN

SIGYN

THOR

SVADILFARI

VALI   NARFI

ANGRBODA

SLEIPNIR

HEL   JORMUNGAND   FENRIR

FARBAUTI Y LAUFEY

Farbauti y Laufey son el padre y la madre de Loki. No se sabe gran cosa de ellos aparte de la mención de que Farbauti era un gigante. Sus nombres nos dan una pista: Laufey significa «frondosa», y Farbauti «agresor cruel». Lo que esto indica sobre sus naturalezas e identidades es pura especulación.

HELBLINDI Y BYLEIST

Hermanos de Loki. Helblindi significa «el ciego del reino de los muertos», y podría ser simplemente otro término para Odín. El significado del nombre de Byleist no está claro, pero podría estar relacionado con el viento y el rayo, lo que lo convertiría en un gigante de la tormenta.

ODÍN

Odín es el jefe de los Aesir y posee el título de «Padre de Todos». Pero al igual que Loki, es listo y aficionado a las travesuras. Mientras que la motivación de Loki es la diversión, la de Odín es una intensa sed de conocimiento. Para ambos dioses, la fuerza impulsora tras su motivación es la curiosidad. Tal vez esta cualidad que comparten sea lo que les inspiró a correr tantas aventuras juntos, e incluso a convertirse en hermanos de sangre.

La percepción moderna de Loki y Odín es que sacan a relucir lo peor del otro en la mejor forma posible. Son una pareja deliciosamente peligrosa; un duo de alto riesgo y alta recompensa que actúa de forma improvisada como un par de estafadores, y si esto es bueno o malo depende enteramente del resultado.

Se complementan mutuamente y se dan la réplica, dependiendo de si su motivación coincide o no.

THOR

Thor es el hijo de Odín, lo que convertiría a Loki en su tío adoptivo. Loki y Thor mantienen una relación cercana. Cuando unos gigantes roban el martillo de Thor, la primera persona en quien este confía es Loki, que le ayuda a recuperarlo. Los dos suelen correr aventuras juntos, y la inteligencia de Loki actúa como complemento natural de la fuerza bruta de Thor. Pero su relación no siempre es tan de color de rosa. Thor es conocido por su temperamento explosivo, y cada vez que la conducta de Loki causa problemas a los Aesir, Thor no tarda en decirle a Loki que eso lo arreglará pronto retorciéndole el cuello.

SIGYN

Sigyn, miembro de los Aesir, es la esposa de Loki. Lamentablemente, la mitología nórdica no habla mucho de ella. Se la conoce por el relato del encarcelamiento de Loki bajo tierra, cuando se le encarga sostener un cuenco sobre la cabeza de su marido para recoger el veneno de la serpiente que colocan sobre él. Pero de vez en cuando tiene que vaciar el cuenco, y durante ese tiempo, el veneno que gotea sobre el rostro de Loki le hace estremecer, provocando terremotos.

ANGRBODA

Se suele describir a Angrboda como la consorte de Loki. Al igual que él, es una giganta. Juntos tienen tres hijos: Hel, Jormungand y Fenrir.

En su mayor parte, los dioses nórdicos tienen un origen como ancestros deificados. Pero los hijos de Angrboda son seres de típico carácter *jötun*: sus orígenes se encuentran en las fuerzas de la naturaleza, sobre todo en procesos que no siempre nos gusta observar. Sus hijos desempeñan un papel importante en la historia del Ragnarök.

HEL

Hel es la hija que Loki tiene con Angrboda. Por un lado, su cuerpo es el de una atractiva doncella, pero por el otro es el de un cadáver apergaminado. Este tema de la mitología nórdica lo observamos también en Yggdrasil, el Árbol del Mundo, en que un ser representa los procesos de la vida y de la muerte de forma simultánea.

En la *Edda prosaica*, Snorri escribe que tras ver a Hel, Odín la nombra guardiana de los difuntos y la destina a Helheim, el reino de los muertos nórdico.

En gran parte del paganismo nórdico actual no se considera a Hel la regente de los muertos del mismo modo que Hades, del panteón griego, sino más bien como una deidad de la muerte y un psicopompo, un ser que ayuda a las personas a pasar de la vida a la muerte.

JORMUNGAND

Jormungand, a veces llamada la Serpiente del Mundo o de Midgard, es otra de los hijos de Loki y Angrboda. Cuando era pequeña, Odín la arrojó al mar. Allí creció hasta alcanzar un tamaño descomunal y acabó circundando el globo terrestre al morderse el extremo de su propia cola.

En la historia del Ragnarök, la batalla final de los dioses, Jormungand se suelta la cola y eso provoca un terremoto de tal magnitud que rompe todo tipo de ataduras y grilletes, dejando suelto en el mundo a Fenrir y al vengativo Loki.

Thor y Jormungand se caracterizan por mantener una continua disputa; la serpiente gigantesca es la archienemiga de Thor.

FENRIR

Fenrir es el tercer hijo que Loki tuvo con Angrboda. Es un lobo gigantesco conocido por su enorme tamaño y orgullo. Los Aesir lo engañan hasta que acaba en el bosque de Járnviðr, aprisionado por unos grilletes irrompibles hechos con cosas imposibles. Fenrir se libera de sus ataduras durante el Ragnarök.

SLEIPNIR

Sleipnir es un caballo de gran tamaño, de color gris y ocho patas, que Loki (bajo la forma de yegua) dio a luz tras seducir al semental Svadilfari. Se conoce a Sleipnir como la montura de Odín y se dice que es más veloz que el resto de los caballos del reino.

VALI Y NARFI

Vali y Narfi son los hijos de Loki y Sigyn. Algunos textos los mencionan a ambos, otros solo a uno de ellos. Su destino es más bien trágico, en especial en la *Edda prosaica* de Snorri. Para castigar a Loki por el crimen de matar a Balder, Odín convierte a Narfi en un lobo, que con furia lupina mata a Vali. Los intestinos de Vali se utilizan para atar a Loki bajo la tierra, donde yace con el veneno de una serpiente goteándole sobre el rostro hasta que llegue el Ragnarök.

LOKI, LA MADRE DE LOS MONSTRUOS

En un breve relato que ha sobrevivido (*Hyndluljóð*), Loki se come el corazón medio cocido de una hechicera que encuentra en un fuego de madera de tilo. Después se queda embarazado y se dice que «todas las ogresas de la tierra» descienden de él.

CAPÍTULO 3:

LOKI EN LA MITOLOGÍA Y EL FOLCLORE

Adéntrese en las cautivadoras historias de Loki: cuando engaña, roba y cambia de forma, se mete en líos y sale de ellos, hasta que llegan los atroces acontecimientos del Ragnarök.

PARA EL LECTOR

Cuando leemos, solemos hacerlo para nuestros adentros. Pero para apreciar los mitos nórdicos de forma total, debemos experimentarlos de la misma manera que lo hicieron los pueblos nórdicos hace cientos de años...

En 1993, el investigador alemán Edward Wachtel publicó un artículo donde relataba una asombrosa experiencia que tuvo en una cueva francesa ante una pintura rupestre prehistórica. El primer destino del recorrido de Wachtel fue el sistema de cuevas de Les Combarelles, en la Dordoña, bien mantenido y brillantemente iluminado. Pero Wachtel tenía dificultades para entender el arte rupestre que veía porque las imágenes estaban dibujadas de una manera que no tenía sentido: los animales estaban representados en múltiples poses, unas por encima de las otras. Esto desconcertó a Wachtel hasta que visitó el siguiente lugar de la Dordoña, una cueva llamada La Mouth, mal señalizada, con un mantenimiento mínimo y sin ningún tipo de iluminación. Su guía turístico era un agricultor local, *monsieur* Lapeyre que, en lugar de linterna, llevaba una lámpara de gas para guiarle por la cueva.

Fue bajo estas condiciones de iluminación deficiente que Edward Wachtel comprendió por qué las pinturas rupestres tenían el aspecto que tenían: estaban hechas para ser contempladas a la luz de una hoguera. Animó a Lapeyre a que hiciera oscilar la lámpara a cierta distancia de la pared, y cuando este lo hizo, los animales de los muros empezaron a cobrar vida, sus pigmentos se hicieron más claros o más oscuros y sus poses cambiaron de una a otra, dependiendo de dónde incidía la luz y la sombra. Lo que Wachtel no había entendido antes al contemplar el arte rupestre, lo entendió al experimentarlo bajo las condiciones en las que había sido creado, a la luz vacilante del fuego. Wachtel descubrió una dimensión de profundidad en el arte que antes había estado ausente.

La mitología nórdica funciona de un modo muy semejante y se enfrenta a un problema similar: para aquellos de nosotros alejados de la tradición oral escandinava, el modo de acercarnos a sus mitos es leerlos en silencio a cualquier hora del día. Pero esto crea un efecto parecido al de observar las pinturas rupestres bajo una luz intensa: el cambio de medio nos hace perder toda una dimensión de entendimiento.

Para experimentar el impacto total de los mitos nórdicos, tenemos que reproducir las condiciones en que se crearon los relatos. Por suerte, la forma de hacerlo no es complicada.

A última hora de la tarde, o por la noche, encuentre tiempo para sentarse frente a un fuego o a la luz de unas velas, o al menos en un lugar poco iluminado, preferentemente con luz incandescente. Apague televisores y radios y reduzca cualquier otra fuente de ruido. El objetivo es ajustar el entorno para fomentar la sensación de «sentirse cómodo y satisfecho al sentarse alrededor del fuego con los seres queridos», una sensación que llaman *hygge* en la lengua danesa moderna. La sensación de *hygge* es algo que va tomando forma en nuestro interior por la reacción visceral al entorno. Es mejor intentar no «manifestar» el sentimiento interior basándonos en la idea teórica del mismo.

Una vez creado este entorno y acomodado en él, el paso siguiente es leer los mitos de este capítulo en voz alta, despacio y con tranquilidad, para su niño interior. Por «niño interior» no quiero decir el recuerdo del niño que fue, sino más bien la mente infantil que todos conservamos en nuestro interior. Es la oportunidad para que ese niño experimente de nuevo la excitación y el gozo de que le cuenten un cuento.

No pasa nada si en este momento exacto no puede hacer nada de eso. El propósito de estos párrafos es darle el conocimiento que necesita para experimentar los mitos nórdicos cuando se le presente la oportunidad.

No importa si ahora no nota ninguna sensación de *hygge* a pesar de fomentarla en su entorno. Esto puede pasar si nuestra vida es especialmente ajetreada o estresante, y todo lo que significa es que nuestro cuerpo precisa tiempo para recordar cómo relajarse. Podemos favorecerlo permitiéndonos las pequeñas comodidades que nos dan alegría y paz interior.

Pero, cuando le sea posible, le animo a leer los mitos siguientes en voz alta para sí mismo.

ALREDEDOR DE LA HOGUERA

Contar estos mitos alrededor de la hoguera de un campamento funciona de maravilla para este ejercicio. Si está acompañado, usted o algún miembro del grupo puede relatar estas historias en voz alta. Recuerde hablar despacio y con voz suave.

ROBO Y RESCATE DE IDUNN Y SUS MANZANAS

El gigante Thiazi coacciona a Loki para que atraiga a Idunn y sus manzanas de la juventud fuera de Asgard, para así poder capturarla. Una vez consumado el secuestro, los dioses empiezan a envejecer y envían a Loki a recuperarla...

Por el hecho de ser dioses, los Aesir son inmortales. ¿Cómo es eso posible? Gracias a una diosa llamada Idunn, que posee unas extraordinarias manzanas de oro. Estas manzanas son las que confieren la inmortalidad a los dioses y su consumo los mantiene eternamente jóvenes.

Sin embargo, hubo un incidente en el que Idunn y sus manzanas fueron capturadas, por supuesto a causa de Loki.

Un día, Loki, Odín y Hoenir estaban dando un paseo cuando llegaron a un valle donde había bueyes pastando. Hambrientos tras haber andado tanto, capturaron a uno de los bueyes y encendieron una hoguera para asarlo. Pero cuando la carne empezaba a cocerse, se alzó un viento que agitó las llamas de tal forma que resultaba imposible seguir con el asado.

Miraron a su alrededor y vieron a un gigante en forma de águila posado sobre un viejo abeto. El gigante le gritó a Hoenir:

—¡Seguiré generando este viento a menos que me des una parte de la caza!

Los tres supieron al instante que se trataba nada más y nada menos que de un gigante de los vientos y las tempestades llamado Thiazi. Hoenir se mostró de acuerdo con lo que pedía y al instante cesó el viento. Loki avivó el fuego mientras Odín daba vueltas al asador. Cuando la carne estuvo asada, Odín le pidió a Loki que la repartiera. Loki así lo hizo, dejando la porción para Thiazi bajo un roble cercano. Pero Loki estaba muy enojado con el gigante por haber retrasado su comida, así que cuando Thiazi empezó a despedazar con fiereza la carne, Loki agarró una gran rama y se le acercó sigilosamente por la espalda. Con todas sus fuerzas, le asestó un golpe al gigante entre los hombros, pero este no se derrumbó. De hecho, la rama le se quedó pegada como por arte de magia. Thiazi empezó a batir las alas y despegó del suelo; Loki vio que no podía soltar la rama y salió volando por los cielos con el águila. Thiazi, satisfecho con su premio, se llevó a Loki a Jötunheim. Loki gritó de dolor; sentía como si le arrancaran los brazos.

—¡Thiazi, suéltame! —gritó—. ¡Perdóname! ¡Te daré todo lo que quieras!

—¡Lo que quiero es a Idunn! —bramó Thiazi—. A Idunn y a sus manzanas de la juventud. Júrame que me la traerás a casa, de lo contrario seguiré volando hasta que quedes hecho trizas.

—¡Lo juro! ¡Lo juro! —gritó Loki.

Esto era en un tiempo en que un juramento era sagrado, por lo que Thiazi le creyó. El gigante dejó caer a Loki al suelo y este volvió tambaleándose al lugar donde estaban Odín y Hoenir.

Cuando los tres regresaron a Asgard, Loki se fue a ver a Idunn y le dijo:

—Idunn, cuando estábamos en el bosque, vi un árbol con unas manzanas de oro muy parecidas a las tuyas. Pero no estoy seguro. Ven conmigo y trae tus manzanas para que podamos compararlas.

Idunn cogió su cesta de manzanas y siguió a Loki hacia el bosque. Se fueron adentrando cada vez más, hasta que el viento empezó a soplar con violencia. Thiazi voló en picado desde las alturas y atrapó a Idunn con sus garras, llevándosela a ella y a sus manzanas a Jötunheim.

Transcurrió un tiempo sin Idunn y los Aesir empezaron a envejecer. La buscaron por todas partes, pero no hubo modo de encontrarla.

—¿Dónde habrá ido? —se preguntaban.

Al darse cuenta de que el problema era grave, celebraron un consejo bajo el árbol Yggdrasil. Los Aesir se contemplaron los rostros arrugados y el cabello canoso, y se preguntaron unos a otros dónde habían visto a Idunn por última vez. Recordaron que la última vez que alguien la había visto, se dirigía al bosque con Loki. Los Aesir capturaron a Loki y lo ataron.

—¡Te dejaremos así para siempre a menos que encuentres la forma de devolvernos a Idunn! —exclamaron.

Loki juró una y otra vez que hallaría la manera de dar con ella, y los Aesir le soltaron. Loki se vistió con una capa de plumas, se transformó en halcón y salió volando hacia Jötunheim en busca de Idunn.

Efectivamente, esta se encontraba en las tormentosas montañas de Thiazi, y por suerte estaba sola cuando Loki llegó. A toda prisa, Loki la transformó a ella y a sus manzanas en semillas, que metió en una cáscara de nuez. Sujetó esta con el pico y voló de vuelta a Asgard.

Thiazi vio la forma del halcón en la distancia y supo lo que Loki había hecho. Con toda rapidez salió volando tras él y le atrapó en un santiamén. A Loki le entró el pánico y voló tan deprisa como pudo. Por suerte para él, los Aesir les vieron a ambos acercándose. Los dioses encendieron una hoguera justo después de que Loki atravesara las puertas de Asgard. Las llamas ascendieron por el aire y chamuscaron a Thiazi, haciéndole perder el control hasta que se estrelló contra el suelo, donde los dioses le mataron.

Loki dejó caer la nuez al suelo, esta se rompió e Idunn y sus manzanas salieron de ella. Todo el mundo vitoreó al verla de nuevo y ella les dio a morder una de sus manzanas a todos los dioses —incluso a Loki—, para que recuperaran la juventud.

LOKI HACE REÍR A SKADI

En este relato se cuenta que Skadi, la hija de Thiazi, exige una compensación por la muerte de su padre a manos de los Aesir, y cómo pasa a ser miembro de los Aesir gracias a una serie de tretas.

El gigante de la tormenta Thiazi tenía una hija llamada Skadi, feroz y salvaje, pero también muy hermosa. Se sentía muy cómoda en los paisajes desolados, en especial donde había nieve, y pasaba la mayor parte del tiempo cazando y esquiando, por lo general en las montañas. Pero a veces descendía de las montañas para cazar y esquiar en las llanuras, y cuando lo hacía llevaba con ella la escarcha invernal y la nieve.

Tras la muerte de Thiazi a manos de los Aesir, Skadi se enfureció de tal manera que se puso su armadura, tomó las armas y se fue directamente a Asgard. Irrumpió en el recinto y de una patada abrió las puertas del Valhalla.

—¡Exijo retribución por la muerte de mi padre! —exclamó.

Los Aesir se mostraron de acuerdo y le permitieron a Skadi elegir un marido entre todos ellos y ser considerada un miembro más de los Aesir.

—Solo estaré de acuerdo con estas condiciones si alguno de vosotros es capaz de hacerme reír —respondió Skadi.

Eso no era tarea fácil, porque del disgusto se había vuelto fría y lúgubre. Todos los Aesir intentaron por turnos hacerla reír. Le contaron chistes, hicieron toda clase de muecas y se inventaron trucos graciosos, pero ni tan siquiera la sombra de una sonrisa cruzó el rostro de la joven.

Entonces a Loki se le ocurrió una idea brillante. Salió al exterior, volvió con un macho cabrío y se bajó los pantalones. Cogió una cuerda y ató un extremo a la barba de la cabra y el otro a sus genitales, y dio inicio a un estrambótico juego de tira y afloja. Cuando Loki tiraba, la cabra chillaba, y cuando la cabra tiraba, era Loki quien lo hacía. Así siguieron hasta que Loki cayó en el regazo de Skadi y la giganta rompió en carcajadas ante una escena tan ridícula.

Los Aesir habían ganado la apuesta, y ahora le tocaba a Skadi escoger marido entre ellos. Ella solo quería al apuesto Balder, pero cuando los Aesir se pusieron en fila frente a Skadi, una niebla descendió sobre ellos y les ocultó, dejando únicamente los pies a la vista.

Skadi reflexionó sobre las opciones, pensando que los pies de Balder serían los más atractivos de todos. Así fue como llegó ante un par que eran mucho más suaves y atractivos que el resto. Eligió esos pies, pero cuando se alzó la niebla, se quedó patifidusa al ver que no pertenecían a Balder, sino a Njord, cuyos pies se habían suavizado por la arena de las playas y el agua de los mares que frecuentaba.

Skadi y Njord formaron una pareja incómoda. Ella pasó nueve días en casa de Njord, pero la visión del mar la entristecía y los gritos de las gaviotas no le dejaban conciliar el sueño. No hacía más que pensar en las montañas y en los bosques de la patria de su padre. Entonces, Njord pasó nueve días en las montañas con Skadi, pero aunque su esposa se sentía feliz, él se sentía atrapado entre aquellas altas cimas y echaba muchísimo en falta el mar. Al final, Njord y Skadi decidieron que era imposible vivir juntos, por lo que él regresó al mar y ella se quedó en las montañas.

Así fue como la giganta Skadi pasó a formar parte de los Aesir.

LOKI LE CORTA LA CABELLERA A SIF

Si Thor es la tormenta, su esposa Sif es el campo de trigo. Pero ¿qué pasó cuando el astuto Loki le robó su cabellera dorada? Tuvo que aventurarse bajo tierra para obligar a los enanos a confeccionarle una nueva.

De todas las diosas de Asgard, ninguna poseía una cabellera tan hermosa como Sif, la esposa de Thor. Sus largos mechones le llegaban al suelo y relucían con el color dorado del trigo maduro.

Un día, Loki decidió hacer una diablura. Mientras Sif dormía, entró en su aposento raudo como una centella y le cortó su hermosa cabellera, dejándole la cabeza desnuda.

Cuando Thor lo descubrió, se enfureció de gran manera. Sabía que no podía haber sido nadie más que Loki, así que salió a perseguirle, gritando:

—¡Loki! ¡Si no te vas ahora mismo a ver a los enanos y haces que confeccionen una nueva cabellera dorada para Sif, juro que te romperé hasta el último hueso del cuerpo!

Sabiendo que le habían pillado, Loki salió corriendo hacia las profundidades de la tierra, donde vivían los enanos. Allí se encontró con un grupo conocido como los hijos de Ivaldi. Aunque los enanos en general tienen fama de crear cosas excepcionales e imposibles,

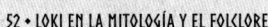

Loki sabía que los hijos de Ivaldi eran los mejores.

—¡Sif necesita una nueva cabellera! —les dijo Loki a los hijos de Ivaldi—. Una cabellera hecha de oro puro, que arraigue en su cabeza en el momento en que se la ponga. Y ya puestos, hacedme una lanza cuya puntería no falle nunca y una nave capaz de volar sobre tierra y mar. ¡Seguro que así los Aesir me perdonarán!

A los enanos no les gustaba nada hacer favores sin obtener nada a cambio, sobre todo cuando tenía que ver con su oficio, pero todavía les gustaba menos que Loki les causara problemas. Así que cuando este apareció con sus demandas, protestaron y suspiraron, pero se pusieron manos a la obra.

Tomaron un poco de oro, lo forjaron y lo hilaron hasta conseguir una abundante y reluciente cabellera para Sif. Asimismo, fabricaron una lanza mágica infalible a la que llamaron Gungnir, y una nave voladora que atraía vientos favorables y se podía doblar como una servilleta y metérsela en el bolsillo. La llamaron *Skidbladnir*.

Pero que los hijos de Ivaldi aceptaran sus exigencias no impidió que Loki siguiera con sus travesuras. Un enano llamado Brokk escuchó las demandas de Loki, y los dos acabaron apostándose la cabeza sobre si Sindri, el hermano de Brokk, era capaz de fabricar tres cosas de calidad superior.

—¡Apuesto a que no es capaz! —proclamó Loki.

—¡Apuesto a que sí! —replicó Brokk, y volvió a la forja de su hermano para contarle la apuesta.

—No quiero que pierdas la cabeza, Brokk —dijo Sindri—. ¡Ayúdame a maniobrar el fuelle de la fragua! En poco rato produciré tres objetos espectaculares, pero solo si mantenemos la fragua a la temperatura exacta. No dejes de sujetar el fuelle ni una sola vez.

Los dos enanos se pusieron a trabajar. Sindri introdujo un pellejo de cerdo en la forja y Brokk hizo funcionar el fuelle sin problema. Pero un tábano empezó a zumbar a su alredor, se le posó en el brazo y le mordió, aunque Brokk no permitió que eso alterara el ritmo. Al final Sindri sacó el objeto del fuego: era un magnífico jabalí de cerdas doradas que brillaban tanto que eran visibles incluso en el más oscuro de los lugares. Se llamaba Gullinbursti.

A continuación, Sindri metió un pedazo de oro en el fuego y Brokk hizo funcionar el fuelle como antes. El tábano revoleteó de nuevo a su alrededor antes de posarse en su cuello y picarle dos veces más fuerte. Pero Brokk le ignoró y prosiguió con su trabajo. Al poco rato Sindri sacó del fuego una argolla de oro para el brazo mágica. La llamó Draupnir, y cada nueve noches de ella saldrían ocho argollas idénticas.

Por último, Sindri metió un pedazo de hierro en la fragua y le dijo a Brokk que era extremadamente importante que no dejara de avivar las llamas ni un instante,

ya que podría arruinar el trabajo. Brokk se concentró con todas sus fuerzas en mantener el fuelle en funcionamiento. Pero el tábano volvió y esta vez aterrizó en medio de su frente; le picó tan fuerte que le hizo sangre y esta le fue goteando hasta los ojos. Con rapidez espantó al tábano, dejando de sujetar el fuelle un instante.

—¡Casi se estropea el trabajo, pero no del todo! —dijo Sindri, aliviado, y de las llamas sacó el martillo conocido como Mjölnir.

Se ponía al rojo vivo cuando se usaba y siempre regresaba a la mano que lo había arrojado. Con todos estos obsequios listos, Loki y Brokk los llevaron a Asgard, donde fueron recibidos con asombro y maravilla.

Loki le entregó la cabellera de oro a Thor y en cuanto Sif se la puso en la cabeza, los cabellos arraigaron y crecieron más hermosos y más dorados que su antigua cabellera. Loki le entregó la lanza Gungnir a Odín, que desde ese momento la utilizó siempre en la batalla.

¿Y qué pasó con la nave *Skidbladnir*? Esa le tocó a Frey, y era una nave tan maravillosa que en ella cabían todos los Aesir a la vez.

—Y estos son los obsequios de parte de mi hermano Sindri —dijo Brokk—. Loki y yo nos hemos apostado la cabeza para ver quién de los dos era capaz de fabricar algo mejor.

En primer lugar le mostró la argolla Draupnir a Odín, que se quedó encantado al ver que cada nueve noches producía ocho argollas iguales.

A continuación, le entregó el jabalí dorado a Frey. Era un animal tan noble que inmediatamente le cobró cariño a Frey, y tan veloz que era capaz de correr por cielos y mares más rápido que cualquier caballo.

Por último le entregó Mjölnir a Thor y le explico que podía golpear con él todo lo fuerte que quisiera, porque jamás se rompería, sin importar aquello que golpeara; tampoco podía fallar nunca y siempre volvería a las manos de Thor si era él quien lo lanzaba. El martillo era tan asombroso que también se hacía pequeño para que Thor pudiera guardárselo en la camisa. Solamente tenía un defecto: el mango era bastante corto. Pero en cuanto Thor lo sujetó, quedó claro que encajaba a la perfección en su mano.

Los Aesir se mostraron de acuerdo en que aunque todos los obsequios eran fabulosos, Mjölnir era el mejor de todos, porque ninguna otra arma podía ser tan eficaz para mantener alejados a los gigantes. Declararon a Brokk ganador de la apuesta. Loki intentó escabullirse, pero Thor le atrapó y le llevó ante Brokk, que estaba ocupado afilando su espada.

—Ahora te cortaré la cabeza, Loki —dijo el enano.

—Puedes tomar mi cabeza, pero no el cuello —replicó Loki.

Esto complicaba mucho las cosas, y Brokk no consiguió encontrar la forma de quedarse con la cabeza de Loki sin llevarse también el cuello. Así que, en su lugar, Brokk tomó hilo y un punzón y le cosió los labios a Loki para callarle la boca. Pero esto no duró demasiado, porque Loki se descosió la boca, aunque le dolió la cara durante mucho tiempo después.

EL MAESTRO CONSTRUCTOR Y EL NACIMIENTO DE SLEIPNIR

La historia de cómo se erigió la muralla de Asgard. En este relato, un maestro constructor se apuesta a que es capaz de construir una muralla en un solo invierno a cambio del Sol, la Luna y Freya. Cuando parece que el constructor va a ganar la apuesta, Loki empieza a tramar cómo desbaratar sus planes.

Hace mucho, en un tiempo antes del tiempo, los dioses Aesir acabaron de crear el mundo mortal de Midgard y de completar su obra en el Valhalla. Pero no contaban con ninguna fortificación que les protegiera contra los gigantes de la montaña y de la escarcha, de todo lo salvaje que invadiría sus hogares sin pensárselo dos veces. Justo cuando los dioses se enfrentaban a este dilema, apareció por el camino un hombre de la raza de los gigantes que conducía un carro tirado por un enorme caballo negro. Dio la casualidad de que se trataba de un maestro constructor que, al enterarse del problema de los Aesir, se ofreció a construirles una muralla de tal calidad que mantendría alejadas todas las cosas hostiles si alguna vez se acercaban a Midgard. Pero el constructor no quiso aceptar ni oro ni plata a cambio de su trabajo. En lugar de ello pidió una recompensa muy elevada: quería el Sol, la Luna y a Freya como esposa.

Los dioses celebraron un consejo para deliberar sobre ello. A ninguno les parecía bien la idea de renunciar a Freya, el Sol o la Luna (a Freya menos que nada), pero por otro lado, lo de que un constructor experto les construyera una muralla era algo demasiado tentador para decir que no. Así que los Aesir tramaron un plan para quedarse con todo.

Los dioses le dijeron al constructor que por supuesto le darían todo lo que pidiera, pero únicamente si conseguía levantar la muralla en el transcurso de un solo invierno. Si en el primer día de verano quedaba algo por hacer, se quedaría sin pago. Además, nadie le ayudaría en su trabajo; debía construir la muralla él solo, una hazaña difícil incluso para un gigante.

El constructor se rascó la barbilla y dijo:

—De acuerdo, lo haré si dejáis que me ayude mi caballo, Svadilfari.

Los dioses no sabían qué responder, pero Loki les convenció.

—Pues claro, ¿por qué no? Al fin y al cabo, ¿qué hay de malo en perder una apuesta?

Los Aesir coincidieron en que no era pedir mucho, que incluso si recibía ayuda para cargar y descargar la piedra, el constructor tendría que levantar la muralla con sus propias manos. Las dos partes se hicieron numerosos juramentos y promesas, garantizando que el constructor estaría a salvo de Thor —que era aficionado a matar gigantes— siempre y cuando se cumplieran las condiciones establecidas. En esos momentos Thor se encontraba en tierras lejanas luchando contra unos feroces enemigos con su martillo Mjölnir, ajeno a los acuerdos que se estaban llevando a cabo en Asgard.

Llegó el primer día de invierno y el constructor se puso a trabajar. Durante el día construía la muralla y de noche cargaba piedras con la ayuda de Svadilfari. ¡Qué magnífica fuerza poseía ese animal, cargando uno tras otro carros llenos de piedras enormes! El caballo trabajaba dos veces más rápido que el constructor, por lo que la muralla fue avanzando con cada día que pasaba.

Cuando solo quedaban tres días para el verano, se hizo evidente que el constructor finalizaría su tarea. Había rodeado todo Asgard y estaba a punto de cerrar el círculo con la entrada de la muralla.

Al verlo, los dioses se reunieron y se lamentaron por haber aceptado las condiciones del constructor. ¿Quién, en sus cabales, habría accedido a dejar que aquel hombre se llevara a Freya a Jötunheim, y dejara el cielo sin Sol ni Luna?

—¡Fue Loki quien nos convenció para que aceptáramos la ayuda del caballo! —exclamaron al darse cuenta de ello.

Y tras esas palabras acorralaron a Loki, que de repente temió por su vida. Él juró repetidas veces que arreglaría las cosas, costara lo que costara.

Esa noche, cuando el constructor atravesaba los bosques a lomos de Svadilfari para dirigirse a la cantera en busca de piedras, una esbelta y hermosa yegua apareció frente a ellos. Le relinchó al caballo, pateando y agitando la cabeza con angustia antes de adentrarse de nuevo en el bosque. Al ver el tipo de caballo que era, Svadilfari se liberó de su brida y corrió desesperadamente tras la yegua. El constructor corrió detrás de los dos.

Así transcurrió toda la noche, con el semental persiguiendo a la yegua y el constructor tras ambos caballos; con ello, el trabajo se retrasó. Al día siguiente, quedó claro que la obra no había avanzado lo suficiente como para finalizar a tiempo.

Cuando el constructor se percató de ello, se puso furioso y lanzó violentas amenazas, a la manera característica de los gigantes. Temiendo por sus vidas, los Aesir dejaron a un lado sus juramentos y llamaron a Thor, que apareció en cuanto invocaron su nombre. Viendo la hostilidad que se había generado, Thor le pagó al constructor, pero no lo hizo entregándole el Sol, la Luna y a la diosa Freya, sino con un billete de ida directo a Helheim: le aplastó el cráneo con su martillo.

Una vez restablecida la paz, los Aesir finalizaron sin problema la obra del constructor y pasaron lo que nos imaginamos fueron los nueve meses más tranquilos que jamás habían experimentado, porque a pesar de haber resuelto el tema, Loki se mantuvo ausente un tiempo después. Cuando regresó, lo hizo con un potrillo gris moteado, de una estatura espectacular y ocho patas. Llamó Sleipnir a este caballo, concebido con Svadilfari cuando se había transformado en yegua, y se lo entregó a Odín como regalo. Sleipnir creció y se convirtió en el más veloz de todos los caballos.

EL VIAJE DE THOR Y LOKI AL PALACIO DE GEIRROD

En este relato, Loki escucha en secreto al gigante Geirrod, que le captura y le encierra en un baúl durante tres meses. Loki se venga convenciendo a Thor para que le haga una visita.

Un buen día, y solo por diversión, Loki tomó prestada la capa de halcón a Frigg para ir a dar una vuelta por los cielos. La curiosidad le venció y se fue volando hasta Jötunheim, a la residencia de un gigante llamado Geirrod. Vio un inmenso palacio y aterrizó en el alféizar de una ventana para ver qué pasaba en el interior. Pero Geirrod le vio y ordenó a uno de sus hombres que se subiera a la ventana y le atrapara.

A Loki esto le pareció muy divertido, viendo al gigante trepar por la alta ventana y con intención de salir volando en el último momento. Pero cuando el gigante llegó a la ventana y Loki batió las alas para despegar, vio que tenía las patas pegadas al alféizar y que no se podía mover. Así

fue como le capturaron y le llevaron ante Geirrod, que miró al halcón a los ojos y descubrió que tras ellos se escondía una persona.

—¿Quién eres? —preguntó Geirrod—. ¡Sal de ahí!

Pero Loki permaneció en silencio. Geirrod ordenó a sus hombres que lo encerraran en un baúl durante tres meses, sin comida ni bebida. Transcurrido ese tiempo, sacaron a Loki del baúl y Geirrod de nuevo le conminó a hablar. Loki le dijo quién era y juró que haría lo que le pidieran si lo soltaban.

—Entonces tráeme a Thor, pero debe venir despojado de su martillo y de su cinto de poder —ordenó Geirrod con mucha contundencia.

Así que Loki salió cojeando del palacio de Geirrod y volvió volando a Asgard, donde se tomó una más que copiosa comida y bebió litros y litros de hidromiel. Ya recuperado, se fue a ver Thor y le contó que había estado en el palacio de Geirrod y que los gigantes lo habían desafiado a un combate.

—¡Son todos unos alfeñiques! —dijo Loki—. ¡Podría derribarles a todos con una simple mirada!

Describió también con todo lujo de detalles el maravilloso festín que había tomado en el palacio de Geirrod, de modo que a Thor le entró un gran apetito. Él y Loki se prepararon para el viaje y Thor dejó su martillo Mjölnir y su cinto mágico en casa, para no intimidar a Geirrod.

Viajaron durante un tiempo antes de detenerse en el palacio de Grid, la madre de Vidarr, que era una giganta amistosa. Al saber adónde se dirigían, le dijo a Thor:

—Geirrod no es estúpido ni glotón. Es un gigante fuerte y astuto, y no deberías ir a su casa sin alguna forma de defensa. Toma, coge mi báculo mágico, mi cinto de poder y mi guante de hierro. Que te sean de ayuda en tu empresa.

Thor le dio las gracias a la mujer y a la mañana siguiente él y Loki se pusieron de nuevo en camino. Llegaron a un río, pero al ir a vadearlo el agua empezó a crecer. Thor hundió el báculo de Grid en el fondo para apoyarse, mientras que Loki se agarró al cinto de poder que llevaba Thor a la cintura. Al mirar hacia arriba, vieron a una giganta a horcajadas sobre el río. Era Gialp, una de las hijas de Geirrod, que empleaba la magia para hacer crecer el caudal del río. Thor cogió un pedrusco y lo lanzó a la giganta, que recibió un fuerte golpe y se fue corriendo.

—Hay que cortar las cosas de raíz —dijo Thor.

Justo entonces, él y Loki pasaron frente a un serbal y se agarraron a sus ramas para poder salir del agua. Entonces siguieron hasta el palacio de Geirrod.

Una vez llegaron, fueron conducidos a un corral de cabras donde él y Loki pasarían la noche; dentro no había más que una silla. Thor se sentó, pero en ese momento la silla empezó a ascender abruptamente hacia el techo, así que cogió el báculo de Grid y lo empujó contra las vigas, con tanta fuerza que la silla cayó al suelo. Oyó gritos, miró hacia abajo y vio a Gialp y a Grip, otra de las hijas de Geirrod, atrapadas bajo el asiento. Ambas tenían la espalda rota.

Geirrod por fin hizo entrar a Thor a su palacio y le invitó a participar en unos juegos. Le estaba esperando en un extremo del salón, cerca de un fuego crepitante, con unas tenazas en la mano. Thor entró y, al hacerlo, Geirrod sacó un pedazo de hierro candente de entre las llamas y le arrojó el ardiente proyectil. Thor lo atrapó con su guante de hierro y Geirrod se escondió rápidamente tras una columna. Thor le devolvió el proyectil con tanta fuerza que atravesó la columna, al gigante y la pared antes de caer al suelo.

Así fue como Loki y Thor se marcharon del palacio de Geirrod tan hambrientos como antes.

EL ROBO DEL MARTILLO DE THOR

En esta historia, Thor se despierta y se da cuenta de que su martillo ha desaparecido. Loki descubre que fue el gigante Thrym quien lo robó, y solo se lo devolverá si los Aesir le dan a Freya como esposa. Los Aesir se disponen a enviarle una «novia», pero no se trata de Freya...

Un día, Thor se despertó y descubrió que su martillo Mjölnir había desaparecido. Se puso de pie de un salto, tirándose de la barba y de su cabellera pelirroja, y empezó a buscar el martillo por todos los rincones de su aposento.

—¡Loki! —gritó—. ¡Loki, ven aquí!

Al momento apareció Loki.

—Escúchame, Loki —dijo Thor—, nadie más en el cielo ni en la tierra debe saber nada de esto, ¿de acuerdo? Me han robado el martillo.

Esto era muy mala noticia, ya que gracias a Mjölnir los gigantes de Jötunheim se mantenían alejados de Asgard. Si supieran que había desaparecido, las consecuencias serían inimaginables.

—Yo buscaré tu martillo, querido Thor —dijo Loki—. Pero tenemos que pedirle a Freya su capa de plumas.

Así que los dos se fueron al palacio de la diosa Freya.

—Freya —dijo Thor—. Me han robado el martillo y tengo que pedirte un gran favor, ¿me prestarías tu capa de plumas para ver si consigo encontrarlo?

Freya lanzó un grito ahogado.

—¡Te la prestaría aunque estuviera hecha de plata o incluso de oro! —respondió con firmeza.

La diosa le entregó la capa de plumas a Loki y él se envolvió en ella y salió volando. Partió de Asgard con las plumas silbando al viento y se adentró en las tierras salvajes de Jötunheim.

Allí, en el país de los gigantes, se encontró con Thrym, rey de todos ellos, sentado sobre un túmulo funerario. Thrym era un *jötun* que poseía grandes riquezas, y en ese momento estaba ocupado trenzando los collares de sus perros con oro y peinando las crines de sus caballos. Al levantar la vista, vio a Loki.

—¿Cómo estás, Aesir? —preguntó—. ¿Cómo están los elfos? ¿Por qué has venido a Jötunheim?

—Malas noticias de los Aesir —dijo Loki—. Malas noticias de los elfos. ¿Has cogido tú el martillo de Thor?

Al oír estas palabras, Thrym respondió con voz segura:

—He escondido el martillo de Thor ocho leguas bajo tierra. Nadie podrá recuperarlo, a menos que me entreguen a Freya como esposa.

Loki regresó volando a Asgard.

Mientras Loki sobrevolaba el gran patio, Thor le gritó:

—¿Cómo te ha ido? ¿Has tenido suerte? Dime lo que has encontrado mientras todavía estás en el aire, porque cuando un hombre se sienta a veces olvida su historia, y el hombre reclinado solo cuenta mentiras.

Así que Loki le dijo desde el aire:

—Mis esfuerzos no han sido en vano. Thrym, el rey de los gigantes, tiene tu martillo, y dice que nadie podrá recuperarlo a menos que se le entregue a Freya por esposa.

Una vez en tierra, él y Thor regresaron a los aposentos de Freya.

—¡Ponte un tocado de novia, Freya! —dijo Thor irrumpiendo en el salón—. El rey de los gigantes, Thrym, tiene mi martillo y me lo devolverá a cambio de que tú seas su esposa. Ahora mismo nos vamos los dos a Jötunheim.

Al escuchar esto, Freya se enfureció. Dio un respingo de rabia y se movió con tanta agitación que su espectacular collar, el Brisingamen, se le soltó del cuello.

—¡No viajaré contigo a Jötunheim, Thor, sería una obscenidad! —exclamó.

La noticia de la desaparición del martillo de Thor se extendió entre los Aesir, y los dioses celebraron un consejo para debatir qué hacer para recuperarlo.

—Si Freya no quiere ir con Thor al país de los gigantes, que Thor se cuelgue el Brisingamen y que finja ser la novia —dijo Heimdall—. Además, que lleve unas llaves atadas al cinturón y que el vestido de novia le llegue por debajo de las rodillas. Asimismo, que se cosa las joyas nupciales al pecho y que en la cabeza luzca un tocado nupcial en punta.

Thor pataleó con de furia.

—¿Y que todo Asgard me considere un pervertido? —exclamó—. ¡En absoluto!

—¡Vamos, Thor, no digas eso! —replicó Loki—. Tendremos a los gigantes a las puertas de Asgard si no recuperamos tu martillo.

Así fue como, tras muchos titubeos, Thor accedió. Dejó que le colgaran las llaves a un lado, que el vestido de novia le cayera por debajo de las rodillas y que le prendieran al pecho las joyas nupciales. Los Aesir le colocaron el Brisingamen al cuello y el tocado cónico en la cabeza, con un velo ocultándole el rostro.

Entonces apareció Loki disfrazado de doncella, y dijo:

—¡Iré contigo como madrina de boda!

Engancharon las cabras de Thor a su carro y salieron galopando a toda prisa hacia el país de los gigantes. Las montañas se abrieron y los rayos cayeron mientras avanzaban. Desde Jötunheim, Thrym vio el inconfundible avance del carro.

—¡Espabilaos, compañeros gigantes, esparcid paja por los bancos del palacio! —exclamó—. Los Aesir me traen a Freya para que sea mi esposa, la hija de Njord de Nóatún. Poseo muchos tesoros, vacas con cuernos de oro andan por mis jardines, bueyes negros como el azabache en todo su esplendor. Poseo montañas de tesoros, lujos en abundancia. Me parece que lo único que me falta es Freya.

El carro llegó esa misma noche y el banquete de bodas ya estaba servido. Thrym observó cómo la novia se tragaba un buey entero, ocho salmones y todas las pequeñas exquisiteces preparadas para las mujeres, así como tres barricas de hidromiel.

—Nunca he visto a una novia comer con tanto apetito —dijo Thrym.

La madrina de la novia se sentó frente a él y dijo:

—Freya no ha comido nada en el viaje, de tan ansiosa que estaba por llegar.

Al oír estas palabras, Thrym se puso muy contento y le entraron ganas de besar a su futura esposa, pero en cuanto se inclinó para descubrir el rostro bajo el velo nupcial, retrocedió asustado.

—¡Freya, amor mío, ¿por qué tus ojos son tan fieros? —exclamó—. ¡Es como si un fuego los estuviera consumiendo!

Al oír eso, la doncella dijo:

—Freya lleva ocho noches sin dormir, de lo enamorada que está de ti.

—¡Ah! ¿Es eso cierto, amor mío? —dijo Thrym—. ¿Por qué no me habla?

La doncella replicó:

—Freya lleva ocho días y ocho noches sin hablar, de lo enamorada que está de ti.

Al oír eso, Thrym ya no pudo más.

—¡Ya es suficiente! —exclamó—. ¡Traed el martillo y consagremos a la novia!

Trajeron el martillo de Thor y lo dejaron en su regazo. El corazón de Thor dio un salto de alegría y su coraje se disparó mientras agarraba el martillo y lo alzaba por encima de su cabeza.

Con gran rapidez y habilidad, Thor acabó con Thrym y luego aplastó las cabezas de todos los cortesanos. Él y Loki huyeron a toda prisa; el carro echaba chispas entre el fragor de rayos y truenos que retumbaban a su alrededor.

Así fue como Thor recuperó su preciado martillo.

LA VISITA DE THOR Y LOKI A UTGARD-LOKI

Este relato cuenta la visita de Loki y Thor a un extraño mago llamado Utgard-Loki que vivía en Jötunheim. Se trata de una historia probablemente pensada para infundir coraje a los niños. En ella, Thor quiere emular las hazañas de un gigante, pero fracasa.

Thor y Loki emprendieron muchos viajes juntos, pero ninguno de ellos resultó tan extraño y maravilloso como el que les llevó a visitar un asentamiento denominado Utgard. Todo comenzó una tarde, tras un largo día de viaje, cuando llegaron a la casa de un granjero, que vivía con su mujer y dos hijos, en busca de alojamiento.

—Os podéis quedar a pasar la noche —dijo el granjero—. Pero me temo que no hay gran cosa para comer.

Thor sonrió.

—¡No temáis! —dijo—. Hay comida para todos. Se dirigió adonde había dejado el carro y las cabras, sacó su martillo y les machacó la cabeza.

—¡Y qué pasa con tu carro! —exclamó el granjero, mientras Thor se disponía a despellejar las cabras.

—Tirarán de él de nuevo por la mañana —dijo Thor—. Pero eso sí, debemos conservar todos los huesos y reunirlos con el pellejo, así podré devolver la vida a mis cabras.

La familia asó las cabras sobre las llamas de la hoguera y tomaron una espléndida cena. Cuando terminaron, arrojaron los huesos dentro de los pellejos de los animales.

Los dos hijos del granjero se llamaban Thialfi, el chico, y Roskva, la chica. Thialfi estaba sentado al lado de Loki y este se inclinó hacia él y le dijo:

—¡Ah, qué cena tan rica! Qué pena que no podamos sorber la médula del hueso, ¡parece tan apetitosa!

Thialfi miró el hueso que sostenía en la mano y, a hurtadillas cogió un cuchillo y lo partió para poder acceder a la médula.

A la mañana siguiente, Thor se levantó antes del amanecer y agitó su martillo por encima de los pellejos de cabra, bendiciéndolos para que los animales volvieran a la vida. Pero se fijó en que una de las cabras cojeaba: el hueso de la pata estaba roto. Al verlo, se puso tan furioso que las cejas se le hundieron en los ojos y estos desprendieron chispas de rabia.

—¡Alguien no tuvo cuidado con los huesos! —exclamó, agarrando el martillo con tanta fuerza que los nudillos se le pusieron blancos.

El granjero, al oírlo, cayó de rodillas y le pidió clemencia, ofreciéndole todas sus posesiones para que le perdonara por su mala hospitalidad. Al ver al hombre tan aterrorizado, Thor se calmó y aceptó a sus dos hijos, Thialfi y Roskva, como compensación. Desde ese día han sido sus ayudantes.

Thor se dejó allí sus cabras y él, Loki y los dos niños emprendieron el viaje hacia el este, hacia Jötunheim; cruzaron el mar y desembarcaron en una costa frente a un inmenso y oscuro bosque. Caminaron todo el día y buscaron dónde alojarse esa noche. Ya había oscurecido

—¿Quién eres? —le preguntó Thor al gigante.

—Yo soy Skrymir —respondió aquel ser enorme—. Aunque a ti no tengo que preguntarte tu nombre. Es evidente que eres Thor, de los Aesir. Pero ¿qué estás haciendo con mi guante?

El gigante recogió la estructura en la que Thor y sus compañeros habían dormido y se dieron cuenta de que el extraño edificio no era más que un guante gigantesco.

Skrymir les preguntó entonces si les gustaría que viajaran juntos. Dijeron que sí y, después de desayunar, Skrymir se ofreció a llevar él solo todos los alimentos que quedaban. Esto complació al grupo y metieron sus raciones en el zurrón de Skrymir, que echó a andar a grandes zancadas por delante de ellos.

Por la noche acamparon bajo un gran roble y Skrymir le dijo a Thor:

—Hoy me acostaré temprano, pero si queréis podéis coger la comida de mi zurrón.

casi por completo y aún no tenían cobijo. Llegaron hasta una estructura grande y extraña, con una entrada tan ancha como el propio edificio. Allí se instalaron, pero sobre la medianoche les despertó lo que parecía ser un fuerte terremoto. Thor agarró su martillo con temor, el resto de sus compañeros también se asustaron, y lenta y cuidadosamente salieron al exterior, donde oyeron un montón de quejas y gruñidos.

Vieron a un gigante tumbado al lado del edificio, roncando de tal manera que hacía temblar la tierra. Thor se quedó tan asombrado y atemorizado por el increíble tamaño del gigante que no se atrevió a golpearle con su martillo.

El gigante se despertó y vio a los cuatro de pie frente a él.

A continuación, se dio la vuelta y se quedó dormido. Al poco rato empezó a roncar.

Thor cogió el zurrón, pero por más que lo intentó, no consiguió deshacer el nudo, y por más que tiraba no lograba aflojarlo. Al final, ya harto, Thor cogió su martillo y lo descargó con furia sobre la cabeza del dormido Skrymir.

Skrymir se despertó y parpadeó.

—Juraría que me ha despertado una hoja caída del árbol —dijo, y le preguntó a Thor si había terminado de comer y si estaba listo para acostarse.

Sorprendido, Thor murmuró:

—Nos estábamos preparando para ir a dormir.

Él, Loki, Thialfi y Roskva se acomodaron bajo otro roble, pero no podían conciliar el sueño, asustados tras ver que Skrymir parecía inmune a Mjölnir.

A medianoche, los ronquidos de Skrymir eran tan fuertes que irritaron a Thor. Este se levantó y blandió su martillo para golpear con todas sus fuerzas la cara de Skrymir; notó perfectamente como la herramienta se hundía.

Skrymir parpadeó y se despertó:

—¿Y ahora qué pasa? ¿Me ha caído una bellota encima? ¿Y tú qué estás haciendo, Thor?

Thor murmuró que volvía del servicio, pero para sus adentros se dijo que Skrymir no volvería a abrir los ojos la tercera vez que le golpeara. Esperó a que el gigante se durmiera de nuevo y le atacó con todas sus fuerzas. Pero al despertarse, Skrymir tan solo dijo:

—¿Qué ha sido eso? ¿Una ramita? Bueno, no pasa nada, ya ha amanecido y enseguida me pondré en marcha hacia el norte. Si vosotros vais al este, encontraréis a Utgard-Loki y su asentamiento. Pero atención, a pesar de que mi tamaño os parezca colosal, él y sus hombres lo son más, y no les gustan nada las demostraciones de arrogancia por parte de alfeñiques como vosotros.

Le entregó su zurrón a Thor, que este pasó a Thialfi, y se marchó en dirección norte, hacia las montañas.

Thor, Loki, Thialfi y Roskva prosiguieron su camino. Al final llegaron a una llanura donde se encontraba una impresionante fortaleza; tan inmensa era que tuvieron que alzar sus cabezas para mirarla. Se acercaron a la inmensa reja del recinto, pero por más que lo intentaron, esta no se movió ni un ápice, de manera que decidieron colarse entre los barrotes para poder entrar.

Por suerte para ellos, las inmensas puertas del gran salón estaban entreabiertas y pudieron ver a unos gigantes de un tamaño impresionante sentados en unos bancos. Thor y sus compañeros se fueron ante el rey, Utgard-Loki, que los saludó con una sonrisa fría y malvada.

—¿Es el pequeño Thor lo que ven mis ojos? —preguntó—. No, seguro que eres más grande de lo que pareces. ¿Qué tipo de hazaña puedes hacer? Verás, nadie se sienta en mi salón a menos que logre demostrar que es capaz de hacer algo que nadie más puede hacer.

En la retaguardia del grupo se encontraba Loki, que al oír estas palabras dijo:

—¡Yo sé de una hazaña que estoy dispuesto a demostrar! —dijo—. Apuesto a que no hay nadie aquí capaz de comer más rápido que yo.

—Eso sí sería una hazaña, si fuera verdad —respondió Utgard-Loki—. Pongámoslo a prueba. Logi, levántate del banco y demuestra lo que vales en una competición de comer.

Poco después, una larga tabla repleta de carne aguardaba el desafío. Loki se sentó en un extremo y Logi en el otro, y los dos comieron a dos carrillos y se encontraron al llegar a la mitad la tabla. Pero mientras Loki se había comido toda la carne, Logi se había zampado la carne, los huesos y su lado de la tabla madera. Logi era claramente el vencedor.

—Yo conozco una hazaña que quisiera probar —dijo Thialfi—. Me gustaría echarme una carrera contra quien quiera, porque apuesto a que no hay nadie tan veloz como yo.

—Una noble hazaña —dijo Utgard-Loki—. Vamos a ver si es verdad.

Y de entre los bancos llamó a un gigante llamado Hugi. Salieron todos fuera, donde había un buen trecho de terreno llano, y trazaron el recorrido. Debían llegar hasta un árbol grande y volver.

Al darles la señal, Thialfi y Hugi salieron disparados. Thialfi corrió muy rápido, porque realmente era veloz, pero Hugi le adelantó y, antes de que Thialfi hubiera llegado al árbol, ya estaba a punto de alcanzar la meta.

—¡Tendrás que hacerlo mejor si quieres ganar! —dijo Utgard-Loki—. Aunque es cierto que eres el visitante más veloz que jamás he tenido.

Thialfi y Hugi se echaron otra carrera, pero aunque Thialfi corrió incluso más rápido que antes, Hugi le ganó.

—Estoy empezando a dudar de que puedas ganar —le dijo Utgard-Loki al chico—. A ver qué pasa en la tercera carrera.

Hugi cruzó primero la meta una vez más mientras Thialfi apenas había llegado a la mitad del recorrido.

—¿Y qué hazañas nos mostrarás tú, Thor? —preguntó Utgard-Loki.

Thor se lo pensó un momento antes de proponer un nuevo reto:

—Estoy más que dispuesto a celebrar un concurso para ver quién bebe más.

—¡Pues así será! —soltó Utgard-Loki.

Trajeron un cuerno para beber excepcionalmente largo.

—La mayoría estaría de acuerdo en que apurarlo de un solo trago es un cuerno bien bebido, pero algunos hombres lo vacían en dos veces —dijo Utgard-Loki—. Pero quien no logre apurarlo en tres tragos, es un hombre que no tiene estómago para la bebida.

Así que Thor cogió el cuerno y empezó a beber a grandes tragos para vaciarlo. Pero, cuando bajó el cuerno y miró en su interior, el nivel casi no había bajado.

—¡No está mal! —dijo Utgard-Loki—. Pero me sorprende tu moderación, Thor. Hubiera creído que el protector de Midgard era capaz de dar tragos más grandes. Pero confío en que esta vez apurarás el cuerno.

Thor no respondió; miró el cuerno con el ceño fruncido, se lo llevó a los labios una vez más y tomó un sorbo con toda la fuerza posible. Al terminarlo, miró en su interior y parecía que el nivel había bajado menos que antes

—¿Qué ocurre, Thor? —preguntó Utgard-Loki—. ¿Por qué te reprimes? Estoy empezando a pensar que no eres tan poderoso como tu reputación me

ha hecho creer. Veamos si eres capaz de apurarlo al tercer intento.

Enfadado por estas palabras, Thor afianzó su postura y tomó el sorbo más largo que pudo, sin detenerse, hasta que se quedó sin aliento. Resopló, retiró el cuerno y miró en su interior. El nivel había bajado un poco más que los dos primeros intentos juntos, pero el cuerno seguía estando bastante lleno.

—Parece que al final no eres tan bueno —dijo Utgard-Loki—. ¿Te gustaría participar en otra competición? Creo que con esta no irás muy lejos.

Thor le devolvió el cuerno y refunfuñó:

—¿En qué tipo de prueba estás pensando ahora?

Utgard-Loki contestó:

—Los chiquillos de Utgard practican un juego de fuerza, aunque para nosotros, los hombres, puede parecer una tontería. El juego consiste en levantar a mi gato del suelo. Nunca hubiera pensado mencionárselo al gran y poderoso Thor, pero

viendo lo debilucho que te mostraste en la última prueba...

Mientras hablaba, un gato gris corrió hacia ellos. El gato era de buen tamaño, pero no tanto que hiciera pensar a Thor que no podría levantarlo. Se frotó las manos, las puso en el vientre del animal y lo levantó. Pero, al hacerlo, el gato se fue estirando más y más y puso las cuatro patas en el suelo. Thor siguió tirando de él entre gruñidos y resoplidos hasta que una pata se despegó del suelo. Pero no logró más que eso.

—Me lo imaginaba —dijo Utgard-Loki—. El gato es grande y Thor es un pequeñajo comparado con el resto de nosotros.

Al oír estas palabras, Thor se enfureció.

—¿¡Pequeñajo!? —exclamó—. Apuesto a que ninguno de vosotros volverá a decir eso después de luchar conmigo.

—No creo que nadie quiera rebajarse a luchar contra un rival tan debilucho, —dijo Utgard-Loki—. Pero si lo que

quieres es luchar, lucharás. ¡Traedme a la vieja, chicos! ¡Traedme a Elli, mi aya!

Al poco rato, una viejecita se acercó a ellos cojeando.

—Elli, intenta complacer a Thor con un buen combate —ordenó Utgard-Loki.

Thor sabía que no era de buena educación luchar contra una anciana, por lo que una vez iniciado el combate, intentó ir con cuidado. Pero cuando quiso apartarla de su lugar, ella no se movió. La empujó con más fuerza, y ella respondió con una fuerza que no se correspondía con su frágil aspecto. ¿O quizás era Thor el que se estaba debilitando? Con cada intento se fue sintiendo más y más agotado, hasta que cayó sobre una rodilla.

—¡Ya basta! —gritó Utgard-Loki—. Está claro que no sirve de nada lanzar nuevos desafíos. Parece que tu fuerza y tu reputación son una exageración.

Con todo el alboroto, se había hecho tarde. Utgard-Loki condujo a Thor, Loki, Thialfi y Roskva a sus aposentos, donde pasaron la noche.

Por la mañana, Thor y sus compañeros se levantaron y se vistieron, listos para marcharse. Pero entonces se presentó Utgard-Loki para anunciarles que había dispuesto una mesa para ellos. Sorprendidos gratamente por la repentina hospitalidad del anfitrión, los cuatro tomaron una copiosa comida.

Utgard-Loki los acompañó un trecho y, cuando se encontraban a cierta distancia de Utard, los detuvo.

—Ahora que hemos dejado mi castillo atrás, es hora de que te explique la verdad, Thor —dijo, con voz grave—. Y te juro que nunca os hubiera dejado entrar si hubiera sabido que poseías una fuerza tan impresionante en tu interior.

Utgard-Loki, siguió hablando.

—Os he engañado con trucos e ilusiones ópticas. La primera vez que nos encontramos fue en el bosque; yo era el gigante llamado Skrymir. ¿Recordáis el zurrón que no conseguisteis abrir? Lo había atado con un nudo de trol para que solo se pudiera abrir con un recurso mágico. Estabas tan furioso cuando me diste con el martillo en la cabeza que solo dispuse de un segundo para coger una montaña y ponerla entre nosotros. ¿Ves esos tres valles profundos en la distante cordillera? Se formaron por los golpes de tu martillo. También os engañé con magia trol durante las pruebas. La primera, sugerida por Loki, fue la de ver quién comía más. Su rival era Logi, y la verdadera forma de Logi es el fuego. Thialfi compitió contra Hugi, pero la verdadera forma de Hugi es el pensamiento... ¿y qué hay más veloz que el pensamiento? En cuanto a ti, Thor, el cuerno de beber que te di estaba conectado con el mar, y sorbiste con tanta fuerza que todas las olas del mundo se retiraron de las costas. En cuanto al gato que levantaste, no era otra que la serpiente de Midgard. Todo el mundo estaba muerto de miedo al ver que lo alzaste más arriba de las montañas y de las nubes de Midgard, hasta rozar el mismo cielo, con la cabeza y la cola que apenas tocaban el suelo. Cuando combatiste contra la anciana Elli, fue casi un milagro que solo cayeras sobre una rodilla, porque Elli es la Vejez, y nunca existió ni existirá el ser que pueda derrotar a la vejez. Y ahora que te he dicho todo esto, juro que, si de mí depende, nuestros caminos nunca volverán a cruzarse.

Thor estaba tan furioso que echaba chispas por los ojos. Agarró el martillo Mjölnir, pero cuando se dio la vuelta para enfrentarse a Utgard-Loki, el gigante ya no estaba. Miró a su alrededor y vio que también su fortaleza había desaparecido. Así que él, Loki, Thialfi y Roskva se dispusieron a marcharse de Jötunheim y regresar a Asgard.

EL RESCATE DE NUTRIA

En este relato, Loki captura una nutria, pero las cosas se vuelven feas cuando descubre que en realidad ha matado al hijo de un granjero. Paga el precio con oro robado, pero le lanzan una terrible maldición.

Un día, cuando Odín, Hoenir y Loki andaban descubriendo el mundo, se encontraron con un río y siguiéndolo corriente arriba llegaron a una cascada. A los pies del salto de agua, sobre una piedra, vieron a una nutria que se estaba comiendo un salmón que acababa de capturar.

Loki, travieso como siempre, decidió probar suerte. Cogió una piedra y la lanzó con todas sus fuerzas contra la nutria. La piedra alcanzó al animal en la cabeza, matándolo al instante. Loki dio un grito de alegría por su buena puntería: de un solo golpe consiguió la nutria y el salmón.

Los Aesir recogieron sus presas y prosiguieron su camino hasta llegar a una granja propiedad de un hombre llamado Hreidmar, un poderoso mago con una destreza excepcional en varios tipos de magia. Hreidmar dio la bienvenida a los dioses Aesir, que le preguntaron si los alojaría por una noche.

—Tenemos abundantes provisiones para la cena —dijeron, mostrándole la nutria y el salmón que habían atrapado.

Pero cuando Hreidmar vio la nutria, llamó a sus hijos Fafnir y Regin y les dijo:

—¡Mirad! Vuestro hermano Nutria está muerto, y estos son quienes lo han matado.

Padre e hijos ataron rápidamente a Odín, Hoenir y Loki y confiscaron la lanza de Odín y las botas de Loki. Al darse cuenta de que Nutria había sido el hijo de Hreidmar, los Aesir ofrecieron un rescate a cambio de sus vidas.

—Os daremos todas las riquezas que queráis a cambio de nuestra libertad —le dijeron a Hreidmar.

El granjero se mostró de acuerdo e intercambiaron juramentos. Una vez sellado el pacto, Hreidmar cogió el cadáver de la nutria y lo despellejó. Les mostró el pellejo a los Aesir y les dijo:

—Llenad el pellejo con oro rojo hasta que no quepa más y vuestra deuda estará saldada.

Odín se volvió hacia Loki y le ordenó que fuera a buscar el oro.

—¿Por qué yo? —preguntó Loki.

—Porque tú mataste a su hijo —replicó Odín.

A regañadientes, Loki descendió hasta Svartalfheim, hogar de los elfos oscuros, donde vivía Andvari. Loki sabía que este elfo poseía un tesoro en oro. Andvari había adquirido forma de salmón y Loki lo atrapó y le exigió el oro a cambio de su vida.

Andvari cedió y le enseñó a Loki la cueva donde guardaba el oro. Loki contempló el enorme tesoro y vio que Andvari se guardaba un anillo bajo el brazo.

—¡He dicho todo el oro! —gritó Loki.

—Deja que me lo quede —suplicó Andvari—. Solo de trata de un pequeño anillo, pero con él podré crear de nuevo mi tesoro.

—¡No! —gritó Loki, y le arrancó el anillo de las manos.

Recogió el resto del oro y, al salir de la cueva, Andvari maldijo el anillo.

—¡Que la destrucción caiga sobre aquel que posea este anillo! —exclamó.

—¡Que así sea! —replicó Loki—. Me aseguraré de que la maldición llegue a oídos de quien posea el anillo.

Con esas palabras, se marchó con el tesoro y el anillo en dirección a la granja de Hreidmar; quería mostrar su botín a Odín. Cuando Odín vio el tesoro, se sintió complacido. El anillo de Andvari atrajo su atención y lo cogió para quedárselo.

Entonces Hreidmar cogió el pellejo de nutria y lo extendió en el suelo. Odín cumplió con el pago, llenando el pellejo hasta que al atarlo casi revienta de tanto oro que contenía, y luego procedió a cubrir el resto con oro.

—Dime si esto te satisface —dijo.

Hreidmar inspeccionó el montón de oro y descubrió un pelo de bigote que sobresalía.

—Hay un punto que no está cubierto —replicó, mostrándoselo.

Entonces Odín cogió el anillo maldito y lo colocó sobre el pelo del bigote para cubrirlo. Hreidmar se mostró satisfecho y devolvió la lanza a Odín y las botas a Loki.

Ya sin nada que temer por parte de Hreidmar, Loki dijo:

—Ah, por cierto, Andvari te manda recuerdos; ha jurado que este anillo y el oro causarán la muerte de quien los posean, y yo le dije que me aseguraría de que así fuese, así que ya lo sabes.

Dicho esto, Loki, Odín y Hoenir se marcharon.

Poco después, las cosas se pusieron feas para la familia. Los hijos de Hreidmar reclamaron una parte del oro por la muerte de su hermano, pero Hreidman les dijo que no verían ni una sola pieza. Así que los hijos mataron a su padre. Entonces, Regin le exigió a su hermano Fafnir que dividiera el oro en partes iguales, pero este se negó y lo amenazó de correr la misma suerte que su padre.

Fafnir cogió el Casco del terror, que había pertenecido a su padre, y se lo puso en la cabeza. A continuación, cogió una espada llamada Hrotti y huyó con todo el oro. Llegó a una cueva y se transformó en un dragón, ya que debía proteger su alijo de oro y el anillo.

Entonces, Regin se fue a ver un rey llamado Hjalprek y se convirtió en su herrero. Luego, acogió a un muchacho llamado Sigurd, que se convirtió en un gran jefe guerrero. Regin le contó a Sigurd el conflicto con Fafnir y el oro. Juntos partieron en busca del dragón y Sigurd lo mató.

—Has matado a mi hermano, Sigurd —dijo Regin—. Como penitencia, deberás comerte su corazón, una vez asado.

Regin, exhausto, se durmió pensando con satisfacción que a la mañana siguiente se llevaría el oro.

En cuanto a Sigurd, encendió un fuego, cortó el corazón del dragón y lo asó sobre las llamas. Al probarlo para ver si estaba a punto, se quemó el dedo y se lo puso en la boca para aliviar el dolor, catando así la sangre de Fafnir. Al hacerlo, descubrió algo extraordinario: era capaz de entender lo que decían los pájaros.

—Sigurd es un buen muchacho —decían estos—. Pero no sabe que Regin le ha tendido una trampa para quedarse él todo el oro.

Sigurd, sin dudarlo, mató a Regin mientras este dormía y se fue con el tesoro. El oro y el anillo causaron grandes desgracias mientras pasaron de mano en mano, todas ensangrentadas, hasta que el oro se terminó y el anillo cayó en el olvido.

LOKI RESCATA AL HIJO DEL GRANJERO

Originalmente una balada de las islas Féroe que data de la época medieval, esta historia cuenta cómo Odín, Hoenir y Loki ayudan a un granjero a esconder a su hijo ante la amenaza de un gigante enfurecido.

Un gigante y un granjero hicieron una apuesta mientras jugaban al ajedrez. Si ganaba el gigante, recibiría el hijo del granjero como pago. Por desgracia para este último, ganó el gigante.

—Tal como hemos acordado, me quedo con tu hijo —dijo el gigante—. ¡Y será mío! ¡No puedes esconderlo de mí!

Al granjero le entró el pánico; había bebido demasiado mientras jugaba al ajedrez y el alcohol lo había envalentonado para apostar fuerte, prometiéndole ganancias que eran evidentemente mentiras. Y ahora había perdido a su hijo, que el gigante se zamparía.

Volvió corriendo a su granja para reunirse con su mujer y su hijo pequeño y les dijo entre sollozos:

—Me he apostado a nuestro hijo con un gigante y he perdido. ¡Le pido a Odín, el Padre de Todos, que interceda por mí, que guarde a mi hijo y le proteja contra el gigante!

Apenas pronunció estas palabras, Odín se presentó ante él.

—Escúchame, Padre de Todos —dijo el granjero—. ¡Te suplico que escondas a mi hijo del gigante enfurecido!

Odín se llevó al chico y el granjero y su esposa lloraron.

En un terreno baldío, Odín ordenó que la cebada allí plantada creciera alta y robusta. Entonces embrujó al chico para que se convirtiera en un grano de una espiga de cebada y escondió la espiga entre los millares que había en el campo.

Odín le dijo al chico:

—Quédate aquí y no te asustes. Cuando te llame, ven. El muchacho se quedó quieto entre la cebada e hizo todo lo posible para no moverse.

Pero el corazón del gigante era duro como una piedra y no pensaba darse por satisfecho hasta haber encontrado al hijo del granjero. Llegó al campo espada en mano y empezó a arrancar puñados de cebada. Siguió así hasta que localizó la espiga con la semilla que era el chico. Este se asustó, pero Odín exclamó:

—¡Ven a mí! —y el grano de cebada saltó del puño del gigante.

Odín llevó al chico de vuelta a su casa, donde fueron recibidos con abrazos.

—Aquí tenéis a vuestro hijo —dijo Odín—. Ya no lo esconderé más.

Luego, desapareció.

—Le pido a Hoenir que interceda por mí, que guarde a mi hijo y le proteja contra el gigante —rogó el granjero—. Me gustaría que Hoenir estuviera aquí y supiera dónde esconder a mi hijo.

Apenas pronunció estas palabras, Hoenir se presentó ante él.

—Escúchame, Hoenir, —dijo el granjero—. ¡Te suplico que escondas a mi hijo del gigante enfurecido!

Hoenir se llevó al chico y el granjero y su esposa lloraron.

Hoenir cruzó las montañas, alejándose de allí, hasta que llegó a un fiordo sobre el que volaban siete cisnes. Dos de ellos se posaron a su lado y Hoenir embrujó al chico para que se convirtiera en una pluma de la cabeza de uno de los cisnes.

Le dijo Hoenir al chico:

—Quédate aquí y no te asustes. Cuando te llame, ven. El chico se quedó quieto entre las plumas del cisne.

Pero el gigante cruzó las montañas, alejándose de la granja, hasta llegar al fiordo donde volaban los siete cisnes. Dos de ellos descansaban en la orilla, agarró al más cercano y le dio un mordisco, rebanándole la garganta. El chico se asustó pero Hoenir dijo:

—¡Ven a mí! —y la pluma saltó de la mano del gigante. Hoenir llevó al chico de vuelta a su casa, donde fueron recibidos con abrazos.

—Aquí tenéis a vuestro hijo —dijo Hoenir—. Ya no lo esconderé más.

Luego, desapareció.

—Le pido a Loki que interceda por mí, que guarde a mi hijo y le proteja contra el gigante! Me gustaría que Loki estuviera aquí y supiera dónde esconder a mi hijo.

Apenas pronunció estas palabras, Loki se presentó ante él.

—Escúchame, Loki, —dijo el granjero—. ¡Te suplico que escondas a mi hijo del gigante enfurecido! Escóndelo todo lo bien que puedas, para que nunca más vuelva a capturarle.

Loki repuso:

—Esconderé a tu hijo, pero mientras yo esté fuera, tú construye un cobertizo para botes con una amplia ventana, que cerrarás con una barra de hierro.

—¡Así se hará! —respondió el granjero.

Loki se llevó al chico y el granjero y su esposa lloraron.

Loki apareció entonces sobre una lengua de tierra que se adentraba en el mar; cerca, había un bote de hierro. Empujó el bote hacia el mar y remó hasta el banco de pesca más alejado. Sin decir nada, cogió su caña y su sedal y los lanzó al agua. Esperó y esperó, hasta que atrapó un pez. Después atrapó otro. Y después un tercero, esta vez de un tono negruzco. Luego, le dijo al chico que se convirtiera en una hueva del pez recién capturado.

Le dijo Loki al chico:

—Quédate aquí y no te asustes. Cuando te llame, ven. El chico se escondió entre las huevas del pez y Loki los devolvió a todos al mar.

Loki regresó remando a la orilla y atracó el bote. Allí le esperaba el gigante.

—Loki —dijo el gigante—. ¿Qué te trae aquí esta noche?

—No es un asunto fácil —respondió Loki—. Justo acabo de navegar por el mar entero.

Pero el gigante se fue a buen paso hacia el bote de hierro.

—¡Las olas son peligrosas! —le avisó Loki, pero el gigante le ignoró. Loki corrió hacia él y le alcanzó.

—¡Déjame ir contigo! —le dijo, subiéndose al bote.

El gigante cogió el timón y Loki se sentó a remar. Remó sin parar durante un

buen rato, pero el bote no se alejaba de la orilla. El gigante se estaba impacientando.

¡No temas! —dijo Loki—. ¡Sé navegar mejor que tú!

Se intercambiaron los sitios y, con un fuerte golpe de remo, el gigante retiró el bote de la orilla y se adentró en el mar. El gigante remó y remó, y remó y remó, y remó... y Loki se paseó por todos los rincones del bote, menos la roda de popa.

Al final, el gigante remó hasta el banco de pesca más alejado y lanzó su caña y sedal al agua. Esperó y esperó, hasta que atrapó un pez. Después atrapó otro. Y después un tercero, esta vez de un tono negruzco.

—¡Dame ese pez, gigante! —dijo Loki, pero el gigante negó con la cabeza.

—No, Loki —insistió con palabras.

Se puso el pez entre las rodillas y empezó a contar las huevas. El chico se asustó y una hueva saltó de la mano del gigante. Pero Loki susurró:

—¡Ven a mí! —y el chico se sentó a su lado.

—Quédate detrás de mí y no dejes que el gigante te vea —dijo Loki—. Cuando lleguemos a la orilla, salta con cuidado a la arena, procurando no dejar ninguna huella.

El gigante remó y llevó el bote de vuelta a la orilla, pero antes de que pudiera atracarlo, Loki le dio la vuelta para que la popa quedara frente a la orilla. El chico saltó con cuidado a tierra, pero el gigante le vio, así que salió tras él a toda prisa, hundiéndose en la arena hasta las rodillas.

El chico se escabulló y corrió hasta llegar al cobertizo para botes que su padre había construido, al que accedió por la ventana cerrada con la barra de hierro. Pero el gigante iba pisándole los talones, vociferando mientras le perseguía, hasta que se golpeó la cabeza contra la barra de hierro y se quedó pegado a la ventana.

Loki no lo dudó. Sacó su espada y le cortó una pierna. Pero el gigante se rió porque al instante el miembro amputado volvió a pegarse al cuerpo. Loki se la cortó de nuevo, pero esta vez le arrojó un palo y una piedra en la herida para que no se curara, y le tocó reír al chico. Una y otra vez Loki siguió cortando al gigante y arrojando palos y piedras en los cortes para que el gigante no pudiera recomponerse, y así fue como el gigante acabó derrotado.

Loki llevó al chico de vuelta a su casa, donde fueron recibidos con abrazos.

—Aquí tenéis a vuestro hijo —le dijo Loki al granjero—. Ya no lo esconderé más, he cumplido con mi palabra. Tú perdiste tu apuesta, pero ahora el gigante ha perdido su vida.

El gigante nunca volvió a molestar al granjero ni a su familia.

EL ROBO DEL COLLAR DE FREYA

La historia de la forja del collar de Freya, el espectacular Brisingamen. En un relato posterior de la mitología nórdica, Odín hace que Loki investigue el modo en que Freya lo adquirió.

Entre todos los tesoros de todas las diosas de Asgard, ninguno era comparable al exquisito collar de Freya, conocido como Brisingamen. Resplandecía con joyas y oro, brillaba como las llamas del fuego.

El modo en que Freya adquirió el collar es una historia que empezó hace mucho tiempo, al poco de que ella llegara a Asgard con su hermano Frey y su padre Njord. Era una de las diosas más hermosas de los Aesir; Odín se prendó de ella a primera vista y Freya se convirtió en su consorte.

Un día, mientras estaba paseando, Freya se fijó en una colina con una apertura, como las que habitan los astutos artesanos conocidos como enanos. Entró y vio a cuatro enanos trabajando. Se llamaban Alfrig, Dvalin, Berling y Grerr, y estaban ocupados forjando el collar más hermoso que jamás hubiera visto.

Freya se acercó a ellos y les ofreció oro, plata y todo tipo de tesoros a cambio del collar.

—Solo aceptaremos una forma de pago —le respondieron los enanos—. Y es que cada uno de nosotros pase una noche entre tus brazos.

Freya se mostró de acuerdo y pasó una noche con cada uno de los cuatro enanos. Pasada la cuarta noche, le entregaron el collar Brisingamen, y sin decirle a nadie dónde ni cómo lo había conseguido, Freya se lo llevó a un refugio que tenía para ella sola y atrancó la puerta.

Esto sucedió poco después de que Loki llegara a Asgard. Venía de muy lejos, de las montañas de Jötunheim, donde vivían sus padres; su padre, Farbauti, era un gigante campesino, y su madre, Laufey, era tan esmirriada que se ganó el sobrenombre de «Alfiler». El propio Loki no era muy corpulento, como sí lo era Thor, por ejemplo, pero era extremadamente astuto y espabilado, y pronto se ganó el respeto del Padre de Todos con sus habilidades. También parecía saber siempre cosas que otros no sabían, y Odín y Loki a menudo tramaban cosas juntos.

Así fue que, cuando Loki supo del nuevo collar de Freya, se lo comentó a Odín y este le dijo a Loki:

—Tráeme ese collar.

Pero Loki negó con la cabeza.

—Las posibilidades de hacerme con él son mínimas —dijo—. Las puertas del refugio de Freya son impenetrables cuando están cerradas con llave.

Pero Odín no se contentó con esa respuesta e insistió a Loki que le consiguiera el collar, de lo contrario debería afrontar las consecuencias. Loki se marchó entre gritos y lamentos, y a todos los Aesir les pareció estupendo que Loki se hubiera metido en un lío.

Loki se arrastró hasta el refugio personal de Freya e intentó abrir las puertas, pero estaban atrancadas por dentro. Pronto empezó a oscurecer y a hacer frío, y Loki se desanimó. Pero su astuta mente estaba tramando algo y en un

instante tomó la forma de una mosca y
buscó entre las tablillas para encontrar un
orificio de entrada. El refugio estaba tan
bien construido que solo logró encontrar
un espacio del tamaño de una uña entre
las junturas, y tras muchos esfuerzos
consiguió meterse dentro.

Encontró a Freya dormida en la cama,
con el collar reluciendo sobre su pecho.
Se transformó en una pulga, se posó en
su mejilla y la mordió. Freya la espantó
antes de darse la vuelta —dejando al
descubierto el cierre del collar— y se
durmió de nuevo.

Loki recuperó su forma habitual y a
toda prisa desabrochó el cierre del collar.
Riéndose para sus adentros, abrió la
puerta de entrada y salió a hurtadillas;
la puerta quedó entornada.

Cuando Freya se despertó, vio que le
faltaba el collar y que la puerta estaba
entreabierta. Supo al momento que no
podía haber sido nadie más que Loki,
y solo Odín podía haberle ordenado el
robo. Se vistió y se fue directamente al
Valhalla, donde se encaró con Odín.

—¡Odín, has cometido una acción
muy fea, al robarle las joyas a una mujer!
—exclamó Freya—. ¡Devuélveme mi
collar ahora!

—No te lo devolveré, teniendo en
cuenta cómo lo conseguiste —dijo él—.
A menos que me hagas un favor y con-
sigas que dos reyes luchen entre ellos
hasta el fin de los días. Qué reyes eran, y
por qué razón Odín quería que se pelea-
ran, es algo que queda entre él y Freya.
Fuera como fuera, ella logró el objetivo
y recuperó su collar.

¿Y qué pasó con Loki? Pues esa no fue
la última vez que robó el Brisingamen. En
otra ocasión luchó contra Heimdall por
poseerlo, cuando ambos habían adquirido
la forma de focas. Pero en ese caso también Loki salió perdiendo, y una vez más
tuvieron que devolverle el collar a Freya.

LA MUERTE DE BALDER

Balder, el apuesto hijo de Odín, tiene visiones de su propia muerte. Su madre, Frigg, hace jurar a todas las cosas que jamás le causarán daño a su hijo. Pero Loki descubre la excepción.

De todos los dioses y diosas de Asgard, ninguno era tan bello como Balder, el hijo de Odín. Resplandecía con un fulgor cálido y apacible, y su naturaleza era tan generosa que todo juicio que emitía era justo y amable. Todos querían a Balder, y cuando este empezó a soñar con su propia muerte, todo el mundo se alarmó.

Cuando quedó claro que los sueños de Balder sobre su muerte inminente no desaparecían, los Aesir se reunieron alrededor del fresno Yggdrasil y se preguntaron por qué Balder tenía semejantes pesadillas.

—Si lo que le espera a mi hijo es realmente la muerte —dijo Odín—, entonces la muerte tendrá la respuesta. Me iré a Helheim y descubriré lo que pueda.

Así que se puso un disfraz, ensilló a Sleipnir, su caballo de ocho patas, y cabalgó hacia Hel.

Mientras Odín estuvo en Helheim en busca de noticias sobre Balder, Frigg hizo lo que hacen todas las madres y pensó en las formas en que podía proteger a su hijo. Llegó a la conclusión de que este no podía morir, pasara lo que pasara, si todas las cosas juraban no hacerle nunca daño.

Frigg recorrió todo el mundo e hizo jurar a cada piedra, cada metal y cada trozo de madera que jamás lastimarían a Balder bajo ninguna circunstancia. Todas las cosas juraron no hacerle daño a Balder, y cuando Frigg regresó a Asgard, no había agua que le ahogara, fuego que le quemara, cuerda que le colgara, arma que le hiriera o veneno que le robara el aliento a Balder. Todos, desde las serpientes hasta las enfermedades, hasta la propia tierra, se habían comprometido a no hacerle ningún daño a Balder. Y con ello, Frigg se quedó tranquila.

Curiosos por poner a prueba el juramento realizado por todas las cosas, los Aesir cogieron un cuchillo e intentaron hacerle un pequeño corte en el dedo a Balder, pero no quedó ni un rasguño, y mucho menos una hendidura. Tampoco lograron clavarle el cuchillo en la mano, ni perforar ninguna parte de su cuerpo. Esto fue a más hasta que todos los Aesir empuñaron sus armas y le dispararon flechas con sus arcos, pero Balder permanecía allí, proclamando felizmente que se sentía tan ligero como una cálida brisa. Los Aesir lanzaron vítores al saber que Balder estaba a salvo de todo mal.

Pero no todos estaban igual de contentos con la situación. Allí en la distancia estaba Loki, observando y muerto de celos. ¡Oh, sí, todo el mundo quería a Balder! Todas las cosas habían aceptado no hacerle daño, pero sí se lo harían a todos lo demás. ¿Por qué Balder tenía que ser la excepción?

Impulsado por estos pensamientos, Loki se disfrazó de mujer y se dirigió al palacio de Frigg, donde la encontró preparándose para asistir a la asamblea.

—¿Cómo van las cosas? —preguntó Frigg.

—Pues las cosas son lo que son —comentó la mujer—. He visto a los chicos divirtiéndose, lanzando toda su colección

de lanzas, espadas y flechas a la cabeza del joven Balder, pero ninguna de ellas le ha dejado huella. He visto a hombres más afectados por el susurro del viento que Balder por la cuchilla de un guerrero.

—Ah, sí —dijo Frigg, con satisfacción—. Eso es porque ningún arma, ni ahora ni en el futuro, podrá hacerlo caer. Todas las cosas de la tierra han dado su palabra de que jamás le harán daño a mi hijo Balder.

—¿Es eso cierto? —preguntó la mujer, con cara de gran sorpresa—. ¿Es verdad que todas las cosas han jurado no hacer nunca daño a Balder?

—Bueno... —dijo Frigg, reflexionando un momento—. Existe un tipo de arbusto que crece en lo alto de las copas de los árboles, al oeste del Valhalla, llamado muérdago, al que no le puedo exigir este juramento porque es demasiado joven.

Ante estas palabras, la misteriosa mujer desapareció al instante, dejando perpleja a Frigg. Loki corrió por los aires, sobre valles y montañas, hasta que encontró el muérdago en el árbol que Frigg había

descrito. Lo arrancó de la rama y confeccionó con él una flecha; mientras lo hacía se reía a carcajadas.

A continuación, se dirigió a la asamblea, donde los Aesir seguían atacando a Balder con hachas y flechas. La única persona que no participaba era Hod, que se había quedado sentado a un lado mientras los demás se divertían. Loki se le acercó.

—¡Saludos, Hod! —dijo—. ¿Qué haces sentado aquí solo, cuando podrías unirte al juego de los muchachos?

—Vaya, vaya, si es Loki —respondió Hod—. Mi mala suerte quiere que sea ciego en lugar de sordo, y por eso estoy aquí. No puedo ver dónde está Balder, así que ¿cómo sabría dónde golpearle? Además, ¡no tengo ningún arma!

—¡Oh, vamos! —dijo Loki—. Tienes que hacerle los honores a Balder. Toma, aquí tengo un arco y una flecha que te puedo prestar. No te preocupes, yo te ayudaré a apuntar.

Loki y Hod se acercaron a Balder, y Loki se puso al lado del dios resplandeciente, gritando para que Hod supiera hacia dónde apuntar. Hod tensó el arco y disparó la flecha, que atravesó el corazón de Balder y le mató en el acto. Loki se esfumó al instante.

Todos los Aesir se quedaron estupefactos al ver a Balder sangrando en el suelo. Se miraron unos a otros y supieron a quién culpar por tan horrenda acción: Loki. Pero Odín se tomó su muerte peor que nadie, porque sabía lo que la desaparición de Balder significaba para el destino de los Aesir.

Frigg les dijo a todos:

—¿Quién de vosotros desea ganarse todo mi amor y mi favor yendo a Helheim para encontrar a Balder y persuadir a Hel para que nos lo devuelva?

Un hombre llamado Hermod, uno de los hijos de Odín, se ofreció voluntario. Odín le prestó a Sleipnir para el viaje y, después de que Hermod se fuera cabalgando, los Aesir celebraron el funeral de Balder.

Al funeral asistieron muchos que viajaron desde muy lejos solo para verle. Incluso fueron gigantes de la escarcha y gigantes de la montaña, ya que también ellos le amaban. Los dioses formaron un triste y extravagante cortejo y depositaron su cadáver en un magnífico barco. Su esposa, Nanna, estaba tan angustiada observando los preparativos que sufrió un ataque y murió también. La colocaron en el barco al lado de su marido.

Una vez hecho esto, Odín se acercó a su hijo y se inclinó para susurrarle secretos al oído. A día de hoy, nadie sabe cuáles fueron. Entonces prendieron fuego a la nave en la orilla y arrojaron las ofrendas finales para Balder y Nanna, incluyendo el caballo del dios. La contribución de Odín a la pira funeraria fue una argolla de oro llamada Draupnir, que cuando entró en contacto con las llamas adquirió las propiedades de la tristeza que reinaba en el ambiente; cada novena noche, llora ocho argollas de oro exactamente iguales a ella misma.

Mientras tenía lugar el funeral, Hermod cabalgó nueve noches por valles oscuros y profundos, sin un atisbo de luz, y se quedó ciego. No recuperó la vista hasta que llegó al río Gioll y al puente de oro que conducía al Otro Mundo. Una mujer llamada Modgud era la guardiana del puente, y protestó al oír el ruido que hacían las pezuñas de Sleipnir al golpear el puente.

—¿Quién va? —exclamó—. Nada más y nada menos que cinco batallones de hombres cruzaron este puente el otro día, pero tus pasos son igual de pesados. No eres un difunto, así que... ¿qué vienes a hacer aquí?

—Me dirijo a Helheim para encontrar a Balder —respondió Hermod—. Dime, ¿ha pasado por aquí?

—Oh, sí, Balder cruzó este puente no hace mucho —dijo ella—. ¡Pero tienes que ir más abajo, y más al norte, si quieres alcanzarle en Helheim!

Hermod emprendió la dirección que le había indicado, hasta llegar a las puertas de Hel. No aminoró el paso al acercarse, sino que saltó por encima de la verja y cabalgó hasta el palacio. Se detuvo ante sus puertas, desmontó y las cruzó a pie para ir en busca de Balder.

No tuvo que buscar mucho. Balder estaba sentado en el asiento de honor, mientras que a su alrededor tenían lugar las celebraciones. Hermod se quedó esa noche, pero así que amaneció se acercó a Hel —la diosa de la muerte— y le rogó que le permitiera a Balder regresar a Asgard.

—Nadie ha sido tan amado como Balder —dijo—. Y en Asgard solo hay angustia y lamentos por su muerte. Seguro que entiendes lo cruel que es llevarse a alguien tan querido por todos.

—Si Balder es tan querido como tú dices, entonces todas las cosas deben demostrarlo —dijo Hel—. Balder volverá con los Aesir con una condición: que todo lo que existe en el mundo llore por su regreso, vivo o muerto. Si hay una sola excepción, se quedará aquí, en Helheim.

Hermod se dispuso a marcharse, pero antes de hacerlo Balder le dio la argolla Draupnir para que se la devolviera a Odín de recuerdo. Nanna también le entregó unos regalos para que se los diera a Frigg y a sus doncellas.

Cuando Hermod regresó a casa y les contó a todos la historia, los Aesir enviaron mensajeros por todo el mundo para que pidieran a todas las cosas que lloraran por el regreso de Balder. Todas las cosas lloraron. Todo humano, todo gigante y todo animal, piedra y árbol lloró, dejando caer lágrimas igual que el invierno helado se deshiela con el calor. Pero en el camino de vuelta a Asgard, los mensajeros entraron en una cueva donde vivía una giganta llamada Thok («gratitud»), cuyos ojos estaban completamente secos.

Cuando le pidieron que llorara por Balder, demostró desdén.

—¡No veo por qué! —dijo—. El hijo de Odín no me hizo ningún bien mientras vivía, ni tampoco muerto. Por lo que a mí respecta, puede quedárselo Hel.

Algunos dicen que esta giganta era Loki disfrazado, y es cierto que durante todos estos sucesos no se vio ni rastro de Loki. Pero, sea como fuera, es por culpa de Thok que Balder permaneció en el reino de los muertos.

LA PELEA DE LOKI

¿Qué ocurre cuando la risa se convierte en desprecio y la diversión se vuelve maliciosa? Que aparecen los conflictos.

Los Aesir no siempre se llevaban mal con los gigantes, y se sabe que frecuentaban los banquetes del gigante llamado Aegir, que vivía en el mar. Su palacio era uno de los más bellos. El oro relucía de tal forma en las mesas que iluminaba incluso los rincones más oscuros, y unas jarras de hidromiel encantadas aparecían frente a los invitados. Por todas partes había dioses, elfos y gigantes, todos y cada uno de ellos más resplandeciente y bello que el anterior, y los esclavos de Aegir atendían sus deseos, por pequeños que fueran.

Pero mientras todo el mundo ocupaba su sitio en la mesa o departía con los invitados, Loki se quedó de pie en un rincón, con un cuerno de cerveza en la mano, embriagándose más y más. Este tipo de encuentros no le gustaban, ya que no eran festivales, carnavales o eventos desenfrenados. Al contrario, era el tipo de fiesta donde las personas pretendían ser perfectas, se mostraban amables aunque no les apeteciera y actuaban como si estuvieran por encima de todo. Así que cuando escuchó a los dioses Aesir alabar a los sirvientes de Aegir por su atención, Loki dejó a un lado su cuerno y apuñaló a uno de los pobres esclavos. Todos quedaron conmocionados e inmediatamente echaron a Loki de la fiesta. Fuera, y consumido por la rabia, Loki decidió vengarse.

—¡Entraré de nuevo con el don de la calumnia y mezclaré su hidromiel con malicia! —prometió.

Se dirigió a la puerta, pero el guardián le advirtió:

—Sabes, Loki, si entras aquí solo para insultar, lo único que obtendrás a cambio serán más insultos.

—¿Prefieres que me quede aquí fuera y te insulte a ti? —preguntó Loki con un bufido. El guardián le dejó pasar sin decir una sola palabra más.

Loki entró en el salón de banquetes y, al verle, todos se quedaron callados.

—¡He vuelto sediento! —exclamó Loki—. ¿Dónde está mi hidromiel? ¿Acaso no sois vosotros el mejor ejemplo de la buena hospitalidad?

—Sabemos que no debemos agasajar a personas como tú, Loki —respondió el poeta Bragi desde su sitio en la mesa—. No creas que somos tan estúpidos.

Loki miró a Odín, sentado al lado de Aegir al fondo del salón.

—Oh, Odín —dijo, enfurruñado—. ¿No recuerdas el día en que nos hicimos hermanos de sangre y juraste que nunca aceptarías una cerveza si no me ofrecían una a mí también? ¿No querrás romper ahora ese juramento delante de todos?

Se escuchó un murmullo y Odín se puso furioso.

—Levántate, Vidarr —le dijo Odín a su hijo—. Deja que Loki ocupe tu lugar en la mesa.

Vidarr así lo hizo y Loki se sentó en su lugar. Vidarr le ofreció un cuerno lleno de hidromiel, que Loki aceptó.

—¡Salve a los Aesir! —dijo Loki, alzando su cuerno—. ¡Salve a los dioses y diosas y a toda la gente gloriosa de Asgard!... excepto a Bragi, cuyo único derecho a la victoria consiste en quedarse triunfalmente sentado en el banco mientras los demás se van a la guerra.

Aegir parpadeó y miró a Odín. Ninguno de los Aesir podía ser tan cobarde, ¿no?

—Está bromeando —respondió Odín.

—Loki —le susurró Bragi entre el murmullo de la fiesta—, te daré un caballo, una espada y una argolla para el brazo de mis propias posesiones si no nos pones en ridículo a los que estamos aquí.

—¿Acaso quieres comprar mi silencio? —replicó Loki en voz alta—. Tal vez acepte, Bragi, pero no estoy seguro de que puedas permitírtelo. Estos días no

andas muy bien de caballos, espadas ni argollas, viendo que no has participado en ninguna campaña desde hace tiempo.

Bragi golpeó la mesa con el puño.

—¡Si estuviéramos fuera no dirías estas cosas! —exclamó—. A estas alturas, sostendría tu mano cortada como trofeo.

—¿Ah, sí? —replicó Loki—. Un hombre valiente no hubiera vacilado. Supongo que esto es lo que pasa cuando te retiras del campo de batalla para ser un ornamento más en la mesa de un festín.

Bragi estaba a punto de sacar su espada, pero Idunn se volvió hacia su marido y lo calmó.

—¡Por favor, querido, déjalo! —dijo la mujer—. El vínculo de parentesco es más importante que derramar sangre por tonterías como esta. No le digas estas cosas a Loki en el salón de Aegir.

Loki lanzó una mirada a Idunn y sonrió.

—Tú no eres quien para hablar de lazos de parentesco, Idunn —dijo—. Sabes que conozco todo lo que se dice en Asgard, hasta la más pequeña noticia, y yo sé que hiciste el amor con el asesino de tu hermano, con los brazos lavados y relucientes como los de una puta. —Bragi miró desconcertado a Idunn y Loki añadió—: Oh, lo siento, ¿tu marido no lo sabía?

Idunn frunció el ceño.

—No entraré en este juego, Loki —le gruñó en voz baja—. No aquí, en el salón de Aegir —. Luego, en voz alta, añadió—: Mi marido se ha alterado por culpa de la bebida, pero le estoy tranquilizando. No toleraré peleas entre hombres borrachos.

—¡De todos modos, Loki está bromeando! —le dijo Gefjun, una diosa asociada con el arado, a Bragi—. Ya sabes cómo es, siempre contando cosas graciosas. No tenemos que recurrir a palabras desagradables.

Le lanzó una mirada incisiva al hermano de sangre de Odín, que seguía bebiendo sin parar de su cuerno de hidromiel.

—¿No es así, Loki?

Loki levantó la cabeza de su bebida.

—Qué joya tan hemosa llevas al cuello esta noche, Gefjun —dijo—. He oído decir que fue un regalo de un apuesto joven de tez blanca como la nieve. También oí que no dudaste en echarle la pierna encima en agradecimiento.

Un gran murmullo invadió el salón.

—¡No hay duda de que te has vuelto loco, Loki! —dijo Odín—. ¿Por qué dices estas mentiras sobre Gefjun? Es una mujer de talento, tan hábil como yo en conocer el destino. Eso no es el tipo de cosa que ves entre vulgares prostitutas.

Loki, ebrio, dirigió su mirada a Odín.

—Oh, pero estoy seguro de que no sabrías encontrar la salida por el lado ancho de un barril, viejo —le provocó Loki—. Sabes que yo me entero de todo lo que hace la gente y sé cómo eres en el campo de batalla, concediendo victorias a guerreros mediocres y declarando perdedores a hombres valientes. ¡Me río yo de tu perspicacia!

Odín frunció el ceño. Tal vez Idunn no quería discutir con Loki, pero el Padre de Todos sí.

—Conceder victorias no merecidas no es tan perverso como lo que haces tú, Loki —replicó—. Yo lo veo todo desde el trono de Hlidskialf, y te vi pasando ocho inviernos con una mujer de Midgard. ¡Incluso diste a luz! Eso no es cosa de hombres.

Loki golpeó la mesa con el puño.

—¡Tan poco hombre como tú, Odín! —gritó—. Se dice que has practicado *seid* (la magia de las mujeres) en la isla encantada de Samsey, que tocaste un tambor y deambulaste por la tierra proclamando portentos, como hacen ellas.

—¡Loki! —le gritó Frigg, la mujer de Odín, al canalla—. No deberíamos mencionar cosas del pasado en el salón de Aegir. Son costumbres antiguas.

—Como si tú hubieras dejado alguna vez de desear a los hombres, Frigg —replicó Loki—. Hace mucho tiempo que vas detrás de los hermanos de Odín.

Frigg hizo una mueca de dolor y dijo:

—Sabes, si todavía tuviera aquí un hijo como mi Balder…

—Oh, ¿ahora quieres hablar de tu querido y difunto Balder? —exclamó Loki—. Permíteme que haga los honores, porque yo no me avergüenzo de mis actos. Yo fui quien mató a tu hijo, sí. Yo soy la razón por la cual hoy no está aquí con nosotros.

Los gritos ahogados de los presentes llenaron el salón. Loki no se inmutó y siguió revelando secretos de los Aesir: sus vicios, sus hazañas sexuales, incluso momentos embarazosos. Loki lanzaba calumnias mientras ellos protestaban. Al final, Sif, la esposa de Thor, se fue hacia Loki y le entregó un cuerno de cristal puro lleno de un hidromiel burbujeante.

—¡Yo te doy la bienvenida, Loki! —dijo—. Sabes que yo no voy con hombres, a diferencia de todas las demás, por lo que parece.

Sif le dirigió una mirada incisiva, como diciendo «no te atrevas a decir ni una sola palabra mala sobre mí». Pero Loki, ebrio como estaba, lo ignoró y tomó un largo trago del cuerno de cristal antes de decir:

—Aunque es verdad que no te acuestas con hombres, sí has tenido un amante aparte de tu querido esposo Thor. Y ese fui yo, el malicioso Loki.

La desgracia parecía inevitable; se había pronunciado el nombre de Thor y eso hizo que el matador de gigantes apareciera al instante en el salón de Aegir. Con la barba erizada y los ojos echando chispas, Thor miró a Loki y, justo antes antes de alzar el martillo, bramó:

—¡Ya basta, miserable!

Loki dejó caer el cuerno de cristal que sostenía y corrió hacia la puerta, intentando evitar a Thor. No obstante, antes de marcharse, se giró para mirar a Aegir, que seguía sentado a la cabecera de la mesa.

—¡Hoy has elaborado cerveza, pero nunca más volverás a dar un banquete! —gritó Loki—. ¡Que este palacio y tus posesiones sean destruidas por el fuego!

Luego, cruzó el umbral de la puerta y desapareció.

EL CASTIGO DE LOKI

Llegó el día en que los Aesir se hartaron de Loki y los dioses evidenciaron
su enorme enfado con él por su implicación en la muerte de Balder.
Ante esto, Loki huyó a las montañas y se escondió.

En las profundidades de las montañas, Loki construyó una casa con cuatro ventanas para poder ver en todas las direcciones. Pero no permaneció en ella durante el día, sino que se convirtió en un salmón y se escondió en un lugar conocido como la cascada de Franangr. Esa noche se puso a pensar en todas las formas en que los Aesir podrían intentar capturarle y, sentado frente al fuego, tomó un cordel y empezó a retorcer y trenzar los hilos formando una red de pescar.

Mientras trabajaba en ello, vio a lo lejos a los Aesir que venían en su busca. Odín le había visto desde Hlidskialf y sabía lo que estaba haciendo. Rápidamente, Loki echó la red al fuego, se transformó en salmón y saltó al río.

El ser más sabio de todos, Kvasir, que fue el primero en entrar en la vivienda de Loki, se fijó en que las cenizas del hogar formaban el dibujo de una red. Les dijo al resto de los Aesir que se trataba de un artilugio que servía para atrapar peces. Al poco rato, los Aesir habían confeccionado su propia red y se la llevaron al río.

Thor se quedó en una orilla y el resto de los Aesir en la otra, y arrastraron la red a partir de la cascada para atrapar a Loki. Este se acurrucó entre dos rocas y la red le pasó por encima, pero los Aesir intuyeron que podía estar ahí y probaron de nuevo.

En el segundo intento, colocaron objetos pesantes en la red para que nada pudiera escabullirse por debajo. Esta vez Loki saltó sobre la red y empezó a nadar hacia la cascada. Los Aesir volvieron a tender la red. Esta vez Thor caminó por el agua tras la red, de modo que si un salmón saltaba por encima, él pudiera capturarlo. A Loki le entró el pánico, pero saltó con todas sus fuerzas sobre la red. Thor lo atrapó por la cola, y es por ello que el salmón es un pez que se estrecha hacia la aleta caudal.

Con Loki por fin capturado, los Aesir le llevaron a una cueva en las profundidades de la tierra. Allí había una losa de piedra y tres rocas con un hueco en el centro. Odín trajo a los hijos de Loki, Vali y Narfi, y transformó a Vali en un lobo. El lobo despedazó a Narfi y, con sus tripas, los Aesir ataron los hombros de Loki a una de las rocas huecas, la ingle, a la segunda, y sus rodillas, a la tercera.

Entonces, Skadi puso una serpiente venenosa sobre Loki, de modo que su veneno fuera goteándole en los ojos. Sigyn, la mujer de Loki, se quedó a su lado y sostuvo un cuenco sobre su cabeza para recoger el veneno. Cuando el cuenco se llenaba, tenía que vaciarlo, y eso hacía que el veneno cayera sobre el rostro de Loki y le quemara. Cada vez que esto ocurría, se agitaba tanto que hacía temblar la tierra, provocando lo que ahora denominamos «terremotos». Permanecerá atado de esta manera hasta la llegada del Ragnarök.

EL RAGNARÖK

La captura de Loki y el hecho de dejarlo atado de ese modo señalaron el principio del fin para los dioses. Loki y su sentido del humor mordaz ya no estaban allí para evitar que el mundo se volviera excesivamente serio y hostil.

El Ragnarök se inició con un invierno que duró tres años. Durante ese tiempo tuvieron lugar numerosas batallas en todo el mundo, hermano contra hermano, ignorando los lazos de parentesco. Tras esos tres inviernos, Jormungang, la serpiente del mundo que circundaba la Tierra con la cola, dejó de hacerlo. La súbita liberación causó un terremoto tan terrible que soltó todas las ataduras del mundo, entre ellas las cadenas de Loki y de su hijo Fenrir, liberándolos de su encarcelamiento. También hizo temblar las puertas de Hel, que se abrieron y todos los muertos de Helheim salieron corriendo.

Había llegado el Ragnarök. El Sol y la Luna fueron tragados por los lobos que les perseguían por el cielo, y los gigantes de Muspelheim surgieron del cielo ennegrecido. Loki zarpó hacia la última batalla en una nave llamada *Naglfar*, construida con las uñas de los difuntos, y se unió a estos. Debían prepararse ante la llegada de los Aesir.

Los guerreros del Valhalla se vistieron con sus armaduras y tomaron sus hachas y espadas. Cruzaron las enormes puertas del Valhalla y atacaron a los gigantes, a los muertos y al propio Loki. Loki y sus hijos estaban dispuestos a vengarse por haber sido atados, amordazados y expulsados del mundo. Así pues, tras un grito ensordecedor, se enfrentaron a los dioses de Asgard.

En ese campo de batalla, todos hallaron su destino fatal. Thor mató a Jormungand, y tras alejarse del cuerpo de la serpiente se desplomó, muerto a causa del veneno. Fenrir se tragó a Odín entero; Vidarr, el hijo de Odín, intervino apoyando su bota gigantesca, hecha con restos de cuero, sobre la mandíbula inferior del lobo y desgarrándosela. ¿Y Loki? Entabló un combate a muerte con Heimdall, espada contra espada, en el que ambos murieron.

El sol se volvió negro, la tierra se hundió en el mar y las estrellas desaparecieron del cielo. El aire se llenó de cenizas y humo y las llamas del fuego se elevaron hacia los cielos. Así fue como acabó la lucha: todo en ruinas y sin ningún vencedor.

Todo eso lo había predicho una antigua vidente a quien Odín consultó en épocas pasadas. Predijo estos acontecimientos: la creciente amargura, la lucha, el caos, pero también vio una nueva y verde tierra surgir del mar después de la sangrienta guerra, con cascadas cuyas aguas iban a parar al mar y un águila sobrevolándolo.

Entre la hierba descubrió unas piezas de ajedrez de oro; eran las que habían usado los dioses mucho tiempo atrás. Vio cómo llegaban a aquel lugar Balder y Hod, que regresaban del inframundo, y Hoenir, que volvía de Vanaheim. Allí construirían un resplandeciente palacio llamado Gimle, con tejado de oro, y vivirían los dioses placenteramente hasta el fin de sus días.

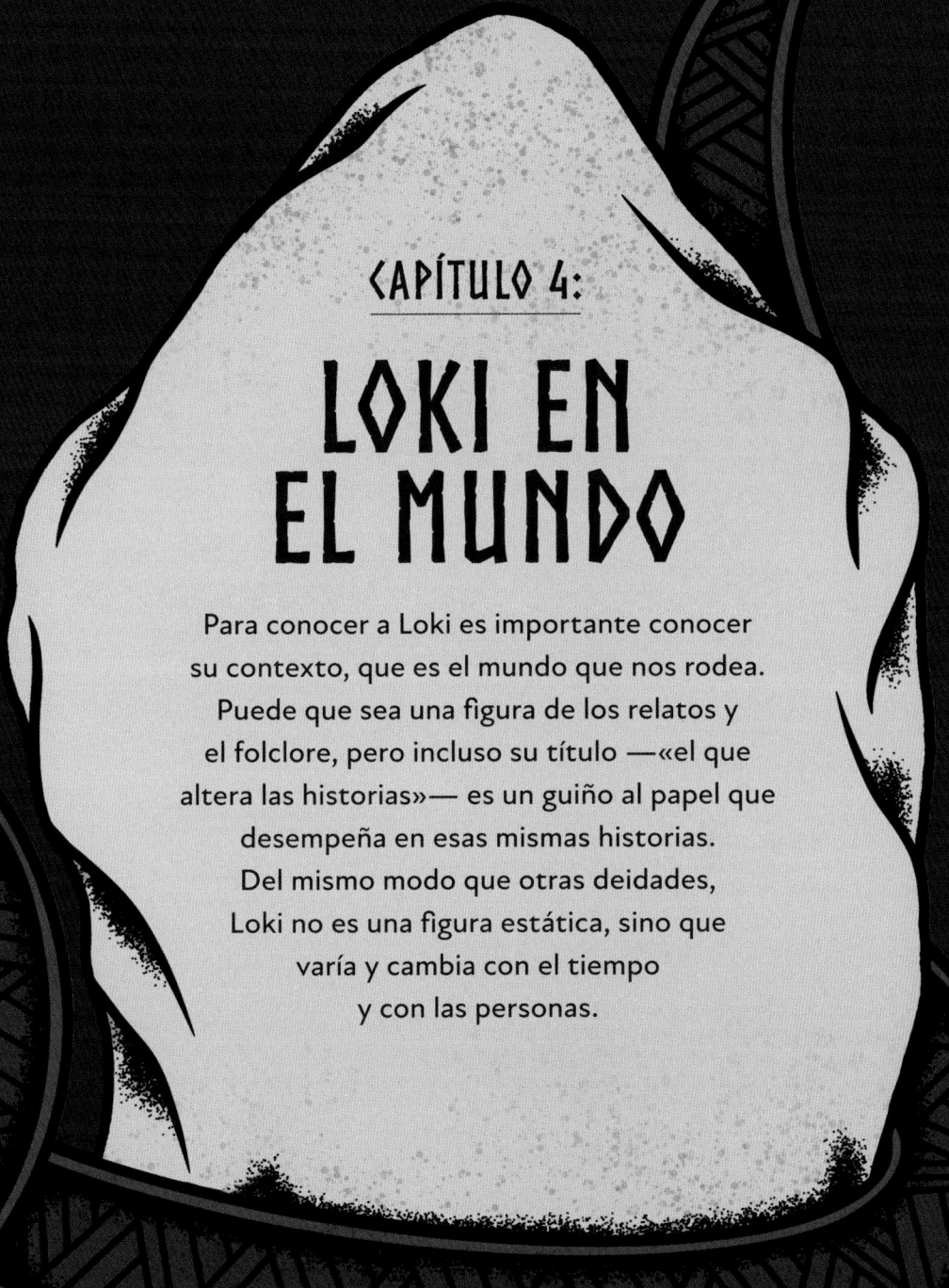

CAPÍTULO 4:

LOKI EN EL MUNDO

Para conocer a Loki es importante conocer
su contexto, que es el mundo que nos rodea.
Puede que sea una figura de los relatos y
el folclore, pero incluso su título —«el que
altera las historias»— es un guiño al papel que
desempeña en esas mismas historias.
Del mismo modo que otras deidades,
Loki no es una figura estática, sino que
varía y cambia con el tiempo
y con las personas.

LOKI ANTES Y DURANTE LA ERA VIKINGA

Los orígenes de Loki siguen siendo algo misteriosos por el hecho de que los pueblos nórdicos no escribieron nada sobre su propia religión. Lo que sabemos sobre las deidades nórdicas antes de la era vikinga está basado en gran parte en el estudio de los hallazgos arqueológicos y los toponímicos: antiguos lugares nombrados por deidades que se corresponden con la presencia de su culto.

Existen muy pocos artefactos antiguos de los que podamos estar seguros que representan a Loki y, a diferencia de Odín y Thor, no parece que se diera su nombre a ningún lugar... al menos ninguno que pudiéramos definir de modo concluyente como lugar de culto sagrado. Esto es interesante, porque sugiere que Loki podría haber sido venerado como deidad en un tiempo posterior a otros dioses. No se le menciona en la obra *Germania* de Tácito, aunque tampoco aparecen en ella muchas de las deidades nórdicas.

Loki no es el único en haber entrado en el panteón nórdico cuando otros dioses ya estaban más consolidados. Lo mismo pasó con Odín en un momento determinado, cuando usurpó el lugar de Tyr como «jefe de los dioses», pero lo que esto implica es que tenemos menos pruebas sobre Loki anteriores al cristianismo. Es posible que Loki desempeñara un papel doméstico antes de ser divinizado, empezando como un espíritu relacionado con el fuego del hogar.

Probablemente una de las pruebas más excepcionales de la era vikinga relativa a Loki es la piedra de Snaptun, una piedra de fragua donde se ve un rostro con bigote y cicatrices en los labios. Las cicatrices sugieren que se trata de Loki. Fue tallada sobre el año 1000 e. c., en la segunda mitad de la era vikinga.

LOKI EN ÉPOCAS MEDIEVALES

En la época que va del año 1000 al 1700, perduraron las historias y el folclore sobre Loki, y por fin se escribieron muchas de las cosas que ahora sabemos sobre él.

Se cree que los «antiguos usos» de los pueblos nórdicos perduraron hasta más o menos el final de la era vikinga, sobre el 1066 e. c., señalado por la batalla de Stamford Bridge. Con la introducción del cristianismo en el siglo VIII, los «nuevos usos» empezaron a reemplazar las creencias paganas en el norte de Europa, y el culto a los dioses nórdicos comenzó a declinar.

Sin embargo, los dioses nórdicos siguieron formando parte de la cultura escandinava durante los siglos posteriores, hasta llegar a nuestros días... y esto es especialmente cierto en el caso de Loki. Desde las sagas islandesas al folclore, el personaje de Loki perduró a lo largo de los siglos.

LOKI EN LAS SAGAS MEDIEVALES

La introducción del cristianismo en el norte de Europa trajo la escritura corrida. Ya por el año 1200, si no antes, los eruditos y políticos como el islandés Snorri Sturluson y el danés Saxo Grammaticus, empezaron a incorporar historias del folclore en sus obras. Estos textos contienen parte de la información más antigua que se tiene sobre Loki, así como algunos de los relatos más extensos.

Loki en la *Edda poética*

El nombre de Loki aparece en varios de los 38 poemas de la *Edda poética*: *Völuspá*, *Lokasenna*, *Þrymskviða*, *Reginsmál*, *Baldrs draumar* y *Hyndluljóð*. En algunos de ellos tiene un papel principal, mientras que en otros simplemente se le menciona. Si desea leer algunas de las historias originales, he compilado una lista en la página 125.

En el poema *Lokasenna* («Los sarcasmos de Loki») es donde Loki desempeña un papel más importante. En este escrito, Loki instiga una especie de batalla de insultos y calumnias rimados hacia los dioses mientras estos se hallan en un banquete en el palacio de Aegir, gigante del mar.

Aunque solo se menciona a Loki al final del *Baldrs draumar* («El sueño de Balder»), este desempeña un papel principal en la orquestación de la muerte de Balder en la *Edda prosaica*. Más tarde presume de ello en el *Lokasenna*. En el *Völuspá* («La profecía de la vidente») se habla de numerosas actividades de Loki durante el Ragnarök.

Loki en la *Edda prosaica*

Escrita tras la conversión de Escandinavia al cristianismo, la *Edda prosaica* fue redactada pensando en un público cristiano y cumple su objetivo envolviendo los mitos nórdicos en una narrativa cristiana: Snorri disculpa el culto de sus ancestros a los dioses nórdicos como producto de su ignorancia con respecto a la «fe verdadera»: el cristianismo.

También se observan las influencias cristianas en la manera en que Snorri representa a Loki, descrito como alguien que «poseía en mayor grado que otros el tipo de conocimiento llamado astucia, y artimañas para cada propósito»; también era «de aspecto agradable y atractivo, malvado de carácter [y] muy caprichoso en su comportamiento».

A pesar de los matices cristianos añadidos, no parece que Snorri modificara el contenido de los mitos originales, por lo que las acciones de Loki, y sus resultados, muestran una moralidad muy diversa: algunas de ellas benefician a los Aesir y otras les son contrarias; todas ellas son igualmente maliciosas. Muchos de los relatos de la *Edda prosaica* describen a Loki corriendo aventuras con Odín y Hoenir, y con Thor en relatos posteriores.

También es en la *Edda prosaica* donde encontramos más detalles sobre la implicación de Loki en la muerte de Balder. Después de que Balder soñara repetidamente con su propia muerte, su madre, Frigg, viajó por toda la tierra haciendo jurar a todas las cosas no hacerle nunca daño a Balder, volviéndolo de este modo invulnerable. Pero Loki consiguió que Frigg le revelara cuál era la excepción: el muérdago, que ella había considerado demasiado joven para exigirle un juramento. Loki descubre la planta, fabrica con ella una flecha y engaña a Hod, el dios ciego, para que la dispare contra el hijo de Frigg, matando a Balder al instante. Esto a veces se califica como Loki «revelando su verdadera naturaleza malvada», pero yo personalmente creo que hay más matices: los dioses trataron de hacer de Balder una excepción a la muerte, un proceso al que nada ni nadie es inmune. Como Loki es análogo a la fuerza que siempre halla los resquicios en estas cosas, es natural que fuera él quien orquestrara la muerte de Balder, aunque este no perece literalmente a manos de Loki.

Loki en la *Gesta danorum*

La obra *Gesta danorum*, o «Las gestas de los daneses», es una de las numerosas fuentes del folclore nórdico. Fue escrita en 1207 por el autor Saxo Grammaticus como un relato caprichoso y patriótico sobre la historia de los daneses. Está dividida en 16 libros: del 1 al 9 se habla de la mitología nórdica, y del 10 al 16, de la historia de la época.

Al igual que otras antologías históricas medievales, *Gesta danorum* combina la historia con la mitología y el folclore. Como las *Eddas*, cuenta también la historia de la muerte de Balder, pero de un modo muy diferente. Hod no es un dios ciego, sino un príncipe humano, y

Balder es un semidiós guerrero con una armadura impenetrable. Los dos discuten por una princesa humana llamada Nanna, y Hod acaba matando a Balder con una espada mágica denominada Muérdago. En esta versión no se menciona a Loki.

Pero sí encontramos una referencia a un cierto Utgard-Loki en el Libro 9 de *Gesta danorum*, y es posible que este Utgard-Loki no se refiera al gigante que engaña a Thor, sino al propio Loki.

La historia dice: en sus últimos años, el rey Gorm de Dinamarca (no hay que confundirlo con el padre de Harald Bluetooth, Gorm el Viejo), medita sobre la naturaleza de la vida en el más allá y se pregunta qué le deparará la devoción de toda una vida a su dios, Utgard-Loki. Envía a su hombre, Thorkill, a participar en una expedición cuyo objetivo es encontrar a Utgard-Loki y preguntárselo. Thorkill zarpa hacia el norte y halla a Utgard-Loki encadenado en una pútrida caverna infestada de serpientes, oliendo a descomposición (muy similar al Castigo de Loki, *véase* pág. 86). No queriendo marcharse sin una prueba de su hallazgo, Thorkill le arranca un pelo de la barba a Utgard-Loki y el grito del gigante suelta un hedor tan atroz que hace huir a Thorkill y a sus hombres. Thorkill le cuenta al rey lo que vio y Gorm se aflige tanto por las desgracias de Utgard-Loki que muere al instante.

Tanto si se trata del propio Loki como del gigante Utgard-Loki, esto sugiere que los *jötnar* eran venerados como deidades en épocas paganas, incluso por los dioses... pero ¿quién sabe? Dado el tono antipagano de la *Gesta danorum*, este relato podría tratarse más bien de una burla.

LOKI EN EL FOLCLORE MEDIEVAL

Es difícil decir cómo se percibía a Loki fuera de estos textos medievales. Las sagas medievales las escribían legisladores que utilizaban los dioses nórdicos para su discurso político, y no nos dicen gran cosa sobre lo que las personas corrientes pensaban sobre Loki a partir del siglo XIII.

Sin embargo, sí sabemos que la representación de Loki en el folclore medieval es coherente. Las historias y los dichos populares le caracterizan de astuto y pícaro.

La balada feroesa *Lokka Táttur*, del siglo XIV, habla de Loki siendo más listo que un gigante rabioso. También le relaciona con la pesca, conservando así su naturaleza como enredador de circunstancias.

Los dichos populares escandinavos recopilados en los siglos XVIII y XIX —aunque podrían ser mucho más antiguos— vinculan a Loki con los espejismos provocados por el calor, con el fuego que se descontrola y con telarañas y arañas. Incluso asume el papel del Ratoncito Pérez en algunas partes de Suecia. Por supuesto también se culpa a Loki de los pequeños inconvenientes que surgen en la vida cotidiana de las personas.

Esta parece haber sido una caracterización de Loki que perduró más tiempo que, por ejemplo, su descripción actual como villano o figura diabólica. Estas representaciones no surgieron hasta más tarde.

LOKI EN ÉPOCAS MODERNAS

Desde principios de la década de 1700, y en especial a mediados del siglo xix, el interés por el paganismo y el ocultismo fue en aumento, y eso hizo pasar a un primer plano a los dioses nórdicos, tanto en círculos eruditos como en la cultura popular.

Los primeros en popularizar de nuevo a los dioses nórdicos fueron los hermanos Grimm. Al recopilar el folclore y escribir sus cuentos de hadas, los hermanos Jacob Grimm (1785-1863) y Wilhelm Grimm (1786-1859) empezaron a ahondar en las historias y creencias germánicas y, por extensión, en las nórdicas. Jacob fue el primero en elaborar una teoría significativa sobre Loki, concluyendo que era un dios del fuego. Aunque ahora sabemos que esto no es del todo correcto, la idea enraizó en la cultura popular de la época.

LOKI EN LA ÓPERA

Das Rheingold («El oro del Rhin») es el primer movimiento de la épica ópera en cuatro partes de Richard Wagner, *Der Ring des Nibelungen* («El anillo del nibelungo»). Mientras que los otros movimientos tratan sobre héroes legendarios, en *El oro del Rhin* los dioses nórdicos desempeñan un papel principal. Uno de los personajes es Loge, que parece ser una figura compuesta de Loki y el gigante del fuego Logi. Se caracteriza como un dios del fuego pícaro que sirve a Odín («Wotan» en la ópera).

MALINTERPRETACIONES TEMPRANAS

Sophus Bugge (1833-1907) fue un filólogo y lingüista noruego cuya investigación se centró en la filología nórdica y, en particular, en las *Eddas* y el alfabeto rúnico. En 1880 postuló que las historias de las *Eddas* eran principalmente de naturaleza cristiana y que Loki era el propio Satanás. Aunque esta interpretación no fue bien recibida, la idea de Loki como figura satánica arraigó y representaciones de Loki como el Satanás nórdico empezaron a impregnar las tempranas traducciones inglesas de los mitos nórdicos. Pero, al igual que la deducción de Jacob Grimm de Loki como dios de fuego, esto también era una malinterpretación.

A mediados del siglo xx, después de la Segunda Guerra Mundial, los estudiosos llegaron a diferentes conclusiones sobre Loki: era el pícaro arquetípico, una hipóstasis de Odín, una araña o simplemente alguien inclasificable de quien no se podía decir nada definitivo. Actualmente, Loki continúa desafiando todas las convenciones, evitando cualquier cuantificación o encasillamiento.

LOKI EN EUROPA

En Europa sigue viva la tradición de venerar a los dioses nórdicos. En los países nórdicos, las prácticas de culto se transmiten a través de la comunidad, principalmente mediante un vector cultural, en lugar de uno institucional o ideológico. Las prácticas y las costumbres varían mucho de una comunidad a otra, y de una región a otra, así que lo que se pueda decir sobre Loki en algunos lugares de Europa no será aplicable a toda la geografía ni a todas las tradiciones familiares de esos lugares.

Por lo general, Loki es una figura importante en el culto europeo del paganismo nórdico, y muchos sienten un gran afecto por él debido a su picardía.

A pesar de su fama de embaucador y enredador, Loki no es rechazado ni se le considera una fuerza maligna. Pero, por esa misma razón, se sigue considerando experto en todo tipo de artimañas y en ocasiones su conducta es dudosa.

Como el resto de los dioses nórdicos, si alguien invoca a Loki es por preferencia personal.

Aunque no existen días festivos específicos dedicados a Loki (al menos que yo sepa), los paganos nórdicos europeos le ofrecen *blót* (*véase* pág. 106) por todo tipo de razones: para pedir consejo o ayuda, o tal vez porque disfrutan de su compañía. A veces las personas hacen ofrendas a Loki como forma de disuadirle de sus travesuras.

Al igual que los demás dioses nórdicos, no se considera a Loki ni bueno ni malo. Muchos escandinavos con los que he hablado sostienen la opinión de que interpretar a Loki de esta forma representaría más bien un paradigma y una cosmovisión cristianos.

LOKI EN ESTADOS UNIDOS

Aunque en Europa Loki suscita poca controversia, en América del Norte no goza de tanta neutralidad. Cuando los primeros vestigios de paganismo nórdico llegaron a Estados Unidos sobre 1970, Loki era considerado más bien neutral. Se pensaba en él como un pícaro, quizás alguien que presentaba desafíos, pero no una fuerza malévola.

Esto comenzó a cambiar en las décadas siguientes, cuando Loki empezó a consolidarse como patrón de los grupos LGBTQ+ siguiendo el espíritu estadounidense de la época.

La primera versión de paganismo nórdico que llegó a Estados Unidos era de naturaleza *folclórica*, un término que se deriva del movimiento antisemítico alemán llamado Völkisch. Este tipo de paganismo, en sus diversas iteraciones, se basaba en las ideologías del movimiento Völkisch original, algunas de las cuales incluyen ideas de «pureza racial». Por ello, el concepto de una deidad LGBTQ+ sentó mal a los seguidores americanos del paganismo nórdico folclórico.

Como resultado, las discusiones sobre Loki cambiaron, y de representarlo como un pícaro se pasó a una figura satánica y una alegoría antisemítica: un ser cuyas maneras, conducta, valores e individualidad representaban todo lo que era maligno y «degenerado» en la sociedad. La prohibición del culto a Loki hizo posible el acoso a personas marginadas, alejándolas del temprano paganismo nórdico americano.

Quizás como desafío a esto, la palabra *Lokean* («lokiano») entró en el vocabulario pagano nórdico americano, para describir a alguien que tiene a Loki como patrón. Desde entonces se ha convertido en un fenómeno propio.

Las posturas «anti-Loki» han decaído en los últimos años a medida que el paganismo nórdico americano sigue creciendo y existe un mayor intercambio cultural entre Estados Unidos y los países nórdicos. La caracterización de Loki también se ha modificado, acercándose más a su manifestación histórica y cultural.

Al igual que nuestros homólogos europeos, si un pagano nórdico estadounidense rinde culto a Loki o no, depende de su preferencia personal. A menudo se le considera el patrón de los marginados y de quienes no se ajustan a las normas de la sociedad, así como de las personas LGBTQ+. Asimismo, se le suele considerar un dios capaz de trastornar la vida de una persona, muchas veces para mejorarla.

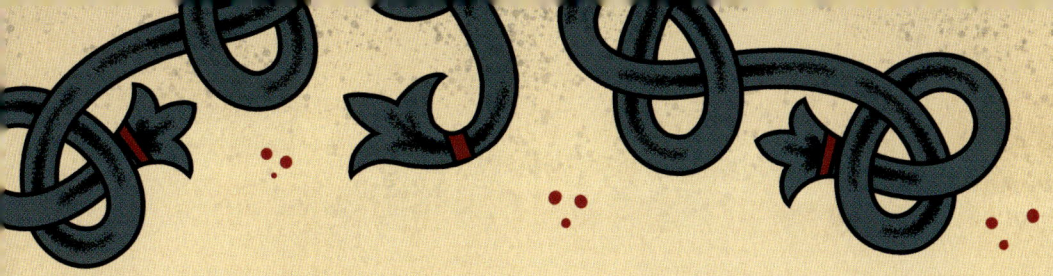

LOKI EN LA CULTURA POPULAR

El primer contacto que la mayoría de personas tiene con los dioses nórdicos suele ser a través de los medios de comunicación, ya sea en forma de relatos, cómics o películas taquilleras. En los últimos años, son estas películas las que han tenido un notable impacto en el paganismo nórdico.

Cuando en 2011 se estrenó la primera película de *Thor* de Marvel hubo un repentino aumento del interés por la figura de Loki y su culto. En el cine se representa a Loki como al hermano adoptivo de Thor, enigmático y atractivo, pero a la vez celoso y malvado, un príncipe que heredará la ciudad interdimensional de Asgard. Envidioso de la fama y de la atención que recibe su hermano, Loki se convierte en un supervillano en busca de un significado cósmico, y en versiones posteriores se convierte en un trágico antihéroe a lo largo de un arco argumental de redención.

Aunque el desarrollo de Loki como personaje Marvel es agradable y convincente, al final describe a alguien muy distinto al Loki de la mitología nórdica. Marvel se toma muchas libertades creativas con su personaje de Loki, desviándose considerablemente de la mitología.

No describen a Loki como hermano de Odín, sino de Thor, y su apellido es «Laufeyson», apuntando a que su padre, Laufey, es un gigante de la escarcha (en realidad, Laufey es la *madre* de Loki). Pero tal vez lo que más destaca es la diferencia entre las dos personalidades y motivaciones de Loki. Al fin y al cabo, el Loki de Marvel es un supervillano y un personaje literario y se ajusta a ese arquetipo. El dios Loki no es un personaje literario, simplemente «actúa» en los relatos como forma de expresar la alegoría de quién es como fenómeno global.

Al observar a Loki en cualquier medio de comunicación, es importante preguntarse si el personaje que vemos es una representación de Loki o una interpretación creativa. Lo primero intentará resumir la comprensión cultural de Loki, mientras que lo segundo se tomará muchas más libertades creativas. ¡Eso no significa que Loki no recurra a veces a medios creativos!

Loki aparece también en el subgénero musical *viking metal* y lo encontramos en canciones producidas por grupos como Týr, Manowar y Brothers of Metal. También tiene una tarjeta a su nombre en el juego *Cards Against Humanity*.

LOS *KENNINGS* DE LOKI

Los *kenningar*, o *kennings*, son palabras o frases expresivas que se utilizaban en la poesía nórdica antigua para referirse a algo o a alguien de una forma metafórica y que sugieren un significado profundo. El poema acababa asumiendo un carácter multidimensional porque los *kennings* implicaban algo más profundo que la palabra directa. En la siguiente lista encontrará algunos *kennings* relativos a Loki que ilustran el modo en que se le representaba.

KENNING	SIGNIFICADO
Bölvasmiðr	Alborotador, pícaro
Bróðir Býleists	Hermano de Byleist
Bróðir Helblinda	Hermano de Helblindi
Faðir lögseims	Padre del hilo del mar
Faðir úlfs	Padre del lobo
Farmr arma galdrs hapts	Esposo de la diosa hechicera
Farmr arma Sigynjar	Amante de Sigyn
Firna-slægjan Fárbauta mögr	Muy astuto hijo de Farbauti
Föðir Vánargands ok Jörmungands ok Heljar ok Nara ok Ála	Padre del monstruo del río Van (Fenrir) y Jormungand y Hel y Narfi y Ala (Vali)
Frændi ok föðurbróðir	Pariente y tío
Frumkveði flærðanna	Padre de las mentiras/creador de engaños
Gammleið	Camino del buitre
Geðreynir Gauts herþrumu	El que pone a prueba la mente del guerrero en el fragor de la batalla
Goða dólgr	Adversario de los dioses
Hárskaði Sifjar	El que daña la cabellera de Sif

Heimsæki ok kistuskrúd Geirröðar	Visitante y adorno del féretro de Geirrod
Hœnis vinr	Amigo de Hoenir
Hrafn-Ásar vinr	Amigo del dios del cuervo/amigo de Odín
Hugreynandi Hœnis	El que pone a pruebe la mente de Hoenir
Hveðrungr	El que ruge
Inn bundni áss	El dios atado
Inn slægi áss	El dios astuto
Lævísi Loki	Loki el astuto y sabio
Lopt Air Meinkráka	Cuervo dañino
Öglis barn	Hijo del halcón
Ráðbani Baldrs	El que causa la muerte de Balder
Rægjandi ok vélandi goðanna	Calumniador y pícaro/traidor de los dioses
Rög vættr	Ser extraño
Rógberi ásanna	Calumniador/difamador de los Aesir
Sagna hrœrir	El que altera las historias (cuentos de hadas)
Sessi Óðinns ok ása	Compañero de banco de Odín y de los Aesir
Sleipnis frændi	Pariente de Sleipnir
Sonr Fárbauta	Hijo de Farbauti
Sonr Laufeyjar	Hijo de Laufey
Verr Sigynjar	Esposo de Sigyn
Vömm allra goða ok manna	Desgracia de todos los dioses y los humanos
Þjófr Brísingamens	Ladrón del Brisingamen (collar de Freya)
Þjófr hafrs	Ladrón de la cabra
Þjófr Iðunnar epla	Ladrón de las manzanas de Idunn
Þjófr jötna	Ladrón de gigantes
Þórs of rúni	Confidente de Thor
Þrætudólgr Heimdallar	Adversario beligerante de Heimdall
Þrætudólgr Skaða	Adversario beligerante de Skadi

CAPÍTULO 5:

EL CULTO A LOKI

El objetivo de este capítulo es ofrecer
opciones y formas de rendir culto a Loki.
Nada de lo que se indica es obligatorio;
simplemente se trata de distintos
enfoques y prácticas que los seguidores
de Loki utilizan cuando veneran, rinden
culto o trabajan con esta figura.

CÓMO RENDIR CULTO A LOKI

Esta guía se centra en el desarrollo de una relación de trabajo interpersonal con una deidad sin la intervención de un mediador o doctrina.

Lo primero y más importante que hay que saber para venerar a Loki es el hecho de que no es necesario rendirle culto para ser un pagano nórdico. Lo contrario también es cierto: no es necesario ser un pagano nórdico para venerar a Loki. En última instancia, el carácter de nuestra espiritualidad lo decidimos nosotros.

Tampoco se precisa tener fe (el concepto de creer en algo sin disponer de pruebas). Ofrezco este enfoque porque el politeísmo devocional puede adaptarse a la filosofía de cada persona con respecto a la naturaleza de la divinidad; esto hace que sea apto para todo el mundo, independientemente de su perspectiva actual.

Una vez dicho eso, para entender mejor cómo actúan las deidades nórdicas como Loki es importante comprender algo del trasfondo en el que se desarrollaron las antiguas religiones nórdicas. Como cosmovisión descentralizada, se dice que el enfoque nórdico antiguo era de naturaleza animista. Aunque el animismo se suele definir como «toda cosa tiene su alma», esta definición se basa en el modo en que el animismo se ve desde el marco de referencia cristiano, no desde el exterior. En el contexto del paganismo nórdico, el animismo se puede definir como el reconocimiento de la naturaleza interconectada de todas las cosas, y la consideración de que todo, material e inmaterial, funciona como un ecosistema. Lo divino y lo mundano no se consideran por separado, ni tampoco como opuestos. Debido a ello, el concepto de «pecado» no es aplicable en este caso: no existe circunstancia alguna que acerque o aleje a una persona de una deidad como Loki. De modo similar, no existe ningún conjunto de valores o temas morales que uno debe seguir para rendir culto a Loki, aunque algunas personas lo consideran un modelo a seguir por su espontaneidad y por vivir de forma auténtica.

Los dioses se caracterizan como humanos, pero su humanidad ha alcanzado proporciones épicas. Esto también significa que no son perfectos. Tienen su propia personalidad, opiniones y perspectivas con las que no siempre estaremos de acuerdo o que tal vez no nos gusten. Si desea seguir una práctica de culto a Loki, piense en ello como si estableciera una nueva relación interpersonal, que incluye el intervalo de «llegar a conocer a alguien». Pero aquello en lo que se convierta la relación entre usted y Loki, depende por entero de usted y de Loki.

CONSTRUIR UN ALTAR

Entre los paganos nórdicos de todo el mundo se ha popularizado el acto de construir un altar o lugar sagrado dedicado a una deidad. Un altar es tanto para usted como para la deidad —un espacio común para ambos—, y como forma parte de su espacio vital, debería ser algo con lo que se sienta satisfecho.

Algunos paganos distinguen entre un altar y un lugar sagrado. En este caso, un altar es un espacio para cualquier tipo de trabajo mágico o de hechizos, mientras que el lugar sagrado funciona más como una zona dedicada a una deidad, ancestro, espíritu o múltiples poderes. Otros paganos no hacen esta distinción y utilizan el término «altar» para describir un lugar sagrado o espacio polivalente que sirva para todas estas cosas. En este apartado utilizaré la palabra «altar» en el sentido polivalente.

Los altares actúan como un espacio donde se realizan ofrendas a los poderes, y por ello se decoran de forma que los evoquen. Pueden albergar también las herramientas que las personas utilizan en su práctica. Los altares pueden ser grandes o pequeños, sencillos o complejos. Se pueden situar en cualquier parte: el alféizar de una ventana, el estante de una librería, una caja de zapatos, sobre una mesa, en una repisa flotante, o incluso en un espacio virtual. He sabido de personas que construyen altares para sus deidades en servidores de Minecraft, o que crean páginas web que sirven como espacios sagrados digitales. Otras formas ingeniosas de crear altares son los álbumes de recortes o un marco expositor parecido a un diorama. De este modo, los altares pueden ser abiertos o encubiertos, y adaptados a su espacio y necesidades.

A algunas personas les gusta adoptar un enfoque histórico y construir los altares al aire libre. Los bosquecillos se consideraban espacios sagrados en la Antigüedad, por lo que cualquiera que tenga un patio trasero o espacio exterior tiene la oportunidad de construir allí un altar.

La decoración del altar depende del individuo. La mayoría de las personas dejan un lugar donde depositar las ofrendas. Los altares pueden presentar algún tipo de iconografía de la deidad, en forma de arte bidimensional o una escultura tridimensional. Se pueden añadir detalles decorativos como velas, luces, guirnaldas, paños para el altar o piedras.

Algunos altares son temáticos y presentan el tema vikingo, con pieles de animales y cuernos de beber, mientras que otros tienen un aspecto más contemporáneo. Otros siguen la personalidad de la deidad a la que están dedicados.

Un altar debería hacerle sentir bien, en su función de espacio devocional. Si al acercarse a su altar siente alguna aprensión o una obligación espiritual, intente modificarlo para adaptarlo más a usted, o bien pruebe con un formato diferente.

BLÓT, U OFRENDAS

Blót (pronunciado «blout») significa «ofrenda» o «bendición» y describe la entrega de un obsequio. El acto de hacer ofrendas a una deidad se denomina «realizar un *blót*».

A veces *blót* se ha traducido erróneamente como «sangre», en el sentido de realizar un sacrificio de sangre, pero esta es una etimología falsa. De modo similar, la traducción como «sacrificio» malinterpreta en cierto modo lo que es realmente el *blót*.

Aunque una ofrenda es un sacrificio en el sentido de que es algo que se entrega, el término «sacrificio» sugiere prueba o dificultad; que cuanto más difícil es renunciar a algo, más valor tiene como ofrenda. Recuerdo una vez en que alguien dijo haber derramado por tierra una botella entera de hidromiel del más caro como sacrificio a Odín, bajo la impresión de que este acto difícil demostraba dedicación.

Pero esta idea de «sacrificio» es contraria a muchos de los conceptos culturales escandinavos sobre la reciprocidad. En realidad, los dioses nórdicos no querrían que realizáramos actos en su nombre que fueran perjudiciales para nuestro bienestar.

En lugar de ello, cuando en el paganismo nórdico se realiza una ofrenda es con un espíritu de *frith*. Esta palabra se traduce toscamente como «paz», pero en realidad describe más exactamente el estado que se da cuando se disfruta mutuamente del compañerismo. Realizar ofrendas con *frith* es el acto de entregar desde un punto de conexión humana, lo que significa que debería ser una experiencia placentera para todos los participantes.

CÓMO REALIZAR UNA OFRENDA

Existen unos cuantos pasos generales a seguir para realizar una ofrenda. Estos garantizarán que invoque a la deidad correcta, y no a un impostor, y que lo ofrendado sea apreciado.

Existen muchas formas de hacer una ofrenda a Loki. Algunas personas lo hacen de manera formal y otras más distendida. Algunas personas realizan ofrendas de forma rutinaria, y otras cuando sienten la necesidad. En realidad, todo se reduce a lo que usted prefiera.

Dicho esto, suele ser de cortesía realizar una ofrenda cuando se le pide un favor a Loki, y de nuevo cuando el favor ha sido otorgado. También es de buena educación ofrecerle algo cuando se presenta por primera vez ante él. Las ofrendas según la estación del año son igualmente populares, en particular cuando hay abundantes alimentos para compartir o cuando se celebra una fiesta con la que Loki tiene un fuerte vínculo.

Estos son cuatro pasos para realizar una ofrenda a Loki.

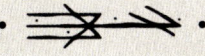 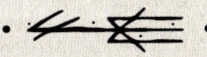 

1

DECIDA QUÉ QUIERE OFRENDAR

Las ofrendas habituales consisten en alimentos o bebida, pero también cuentan las bagatelas, objetos de arte, poesías, canciones, perfumes y otros obsequios (*véase* una lista de sugerencias en la pág. 110). Lo que ofrece no tiene por qué ser complicado ni «tradicional». Lo más importante es que sea sincero y genuino. Media barrita de chocolate puede ser tan significativa como una elaborada comida hecha en casa si se ofrece con espíritu de amistad.

Tampoco tiene que ofrendar grandes cantidades. Loki no come necesariamente la misma cantidad que nosotros. Yo pongo lo que suele caber en un bol para salsa, y tengo también un pequeño cuerno de beber sobre un soporte, para las libaciones. Algunos paganos nórdicos tienen platos, boles y cubiertos especiales para las ofrendas, y otros emplean lo que tienen en la cocina de casa.

 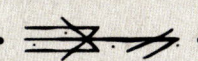  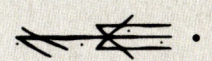 

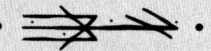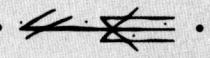

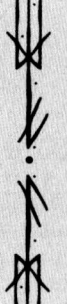

2

PURIFIQUE, BENDIGA Y CONCENTRE SUS OFRENDAS MATERIALES

Esto es algo que hará que la ofrenda resulte más apetecible.
No solo querrá asegurarse de que lo que ofrezca esté limpio,
sino también purificado.

Piense en la purificación como en la preparación energética del
material, del mismo modo que la limpieza prepara la parte física
del mismo. Purificar puede ser tan simple como pasar los platos que usará
por agua y jabón, al tiempo que les transmite energías de purificación.
Para ello, pondrá la sensación de «limpio y purificado» en sus
manos y en el acto de lavar los platos. Esto es lo que algunos
llaman añadir una intención a la acción.

Para cualquier utensilio que no pueda dejarse un tiempo en agua
y jabón, por cualquier motivo, el método habitual de preparación
funciona igual de bien.

Durante la purificación puede también bendecir y consagrar
el material. Una bendición es como imbuirlo de cosas buenas,
y la consagración es el acto de darle su función. Por ejemplo, si está
preparando un cuerno para beber como recipiente para ofrendas,
diga algo parecido a esto:

**«Que este cuerno tenga una larga y cuidada existencia
en su función como recipiente para ofrendas a los dioses».**

En las prácticas nórdicas, la palabra se considera un vehículo muy
eficaz para imbuirle intención a algo. Pero el lenguaje es opcional.
Se puede expresar algo con sentimientos y acciones, siempre y cuando
se esté comunicando con el objeto en lugar de simplemente visualizar
su intención de forma mental.

También puede bendecir los alimentos y las bebidas si así lo desea.

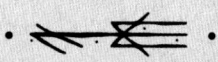

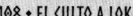

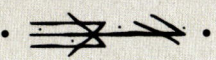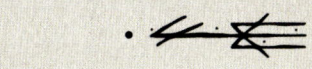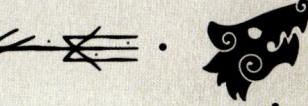

3

INVOCAR A LOKI

Una vez haya preparado la ofrenda, es el momento de invocar la presencia de Loki. Puede ser tan simple como acercarse al altar y decir unas palabras. A mí me gusta encender unas velas para atraer la atención hacia el altar y marcar el tono del espacio.

Si invoca a Loki por primera vez, es importante pensar en el motivo por el que lo hace. Algunas personas se acercan a Loki simplemente por amistad, y otros porque se sienten atraídos por sus atributos. Aunque no sepa qué está buscando, sea sincero. Los dioses son capaces de aceptar cualquier motivación, no hay nada que podamos plantearles que no hayan tratado ya antes.

Lo que diga al realizar la ofrenda, y el modo en que lo diga, dependerá de usted, aunque le aconsejo ser sincero, cortés y educado. Deje bien claro que está invocando a Loki, a nadie más.

4

ENTREGAR LA OFRENDA

Existen numerosas formas de hacer llegar la ofrenda a la deidad. Si se trata de comida o bebida, deje la ofrenda un tiempo en el altar antes de retirarla o consumirla usted en nombre de Loki, o, si se encuentra al aire libre, entregue la ofrenda directamente a la tierra o arrójela a una hoguera. Se aconseja no dejar ofrendas de comida en el exterior para que no se estropeen o atraigan a ciertos animales (yo limpio el lugar al cabo de unas horas), y no las deje más de una noche entera. Si por algún motivo u otro tiene dificultades para limpiar y purificar ofrendas de alimentos, piense en hacer ofrendas de artículos no perecederos. Si fuera necesario, el agua es siempre una ofrenda bien recibida en cualquier situación.

Las ofrendas que no sean alimentos, por ejemplo algo artístico, se pueden presentar o dejar en el altar. Cuando yo dedico una canción o algo similar lejos del altar, me aseguro antes de invocar a la deidad a quien se la dedico antes de interpretarla.

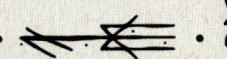

LAS OFRENDAS FAVORITAS DE LOKI

Al igual que a los humanos, a los dioses les gusta recibir regalos.
Y, como los humanos, sienten preferencia por algunos de ellos.

COMIDA

Loki no es especialmente exigente con la comida, y tomará cualquiera que se le ofrezca con placer. En especial le gustan las cosas que resultan agradables o estimulantes de comer, o que promueven la sensación de conexión y de una profunda satisfacción. También le gustan los alimentos sofisticados, o los que cuentan alguna historia. Entre ellos, estos son algunos de sus favoritos:

Dulces

Sabemos que Loki es muy goloso, así que cualquier cosa dulce o parecida a un postre será apreciada. Por ejemplo, helado, pastelitos y todo tipo de caramelos.

Comida picante y especiada

He comprobado que a Loki le gusta la comida tanto picante como especiada. Los alimentos de sabor intenso parecen ser algunos de sus favoritos.

Comidas caseras

A Loki le satisfacen las ofrendas de cosas preparadas por la persona que invoca, por ejemplo una comida. Cualquier alimento preparado en casa es una ofrenda muy apreciada porque expresa *frith* (*véase* pág. 106). Al fin y al cabo, el ingrediente

secreto que hace que cualquier comida sepa bien es el amor.

Comida basura

Por otro lado, no estoy seguro de que haya otra deidad que aprecie tanto la comida basura como Loki. Los tentempiés comprados en la tienda son recibidos con gran satisfacción.

BEBIDAS

Como en el caso de los alimentos, Loki no es demasiado exigente con las bebidas y le gustan de todo tipo. Aceptará cualquier bebida alcohólica que le ofrezca, desde las de alta graduación como las bebidas de fruta con un poco de alcohol. Entre las no alcohólicas puede ofrecerle cualquiera que sea dulce o sofisticada: batidos de leche o frutas, refrescos, zumos, chocolate a la taza. Si a un niño de cinco años le gustaría, a Loki le encantará.

ARTE Y ACTIVIDADES

Como dios que disfruta con cualquier tipo de representación, a Loki le encantan las ofrendas artísticas de todo tipo, aunque no sean muy hábiles: dibujos, pinturas, piezas musicales y teatrales, incluso chistes. También le gustan las artes textiles y las artesanías de diversos tipos.

LOS DÍAS ESPECIALES DE LOKI

Aunque no tenemos registros detallados de todos los días festivos nórdicos —variaban según el tiempo y el lugar—, estos de aquí son algunos de los que se asocian con Loki en el paganismo nórdico de nuestros días.

SÁBADO

La mayoría de los días de la semana llevan el nombre de un dios nórdico. La única excepción es el sábado, nombrado por el dios romano Saturno. De todos modos, es posible que el sábado esté relacionado con el dios Lodurr (por el *lördag* del sueco moderno y el noruego y danés *lørdag*; ambos significan «sábado» y pueden derivarse de *Lóður dag* o día de Lodurr. Lodurr tiene una posible conexión con el dios Loki (*véase* pág. 26). Independientemente de ello, algunos consideran que el sábado es el día de Loki, porque es el primer día del fin de semana y por tanto un día de ocio y diversión.

PRIMERO DE ABRIL

En muchos países, el día de los inocentes se celebra el primero de abril. Se desconoce el motivo de esta elección, pero está claro que es un día de gastar bromas y hacer payasadas. Muchos paganos nórdicos han relacionado esta fiesta con el espíritu de Loki, y a veces lo celebran dedicándole ofrendas.

DÍA DEL BIZCOCHO

Esta nueva fiesta se inspira en el intercambio que dos paganos nórdicos mantuvieron por Internet en 2012. A última hora del 4 de setiembre y la madrugada del 5, un devoto de Loki subió a Internet una imagen de un bizcocho con unas fresas y nata que había comprado en una tienda y que pensaba ofrecer a Loki. A otra persona eso le molestó y dijo que no era una ofrenda adecuada para Loki porque no era tradicional ni lo había hecho él en casa. A partir de allí surgió un debate, con paganos y politeístas de todo tipo aportando su opinión; pero, al más puro estilo de Loki, lo absurdo de la situación no hizo más que aumentar, hasta que acabo con montón de gente subiendo memes e imágenes de pasteles. El hecho acabó llamándose *Spongecakegate* («El escándalo del bizcocho»).

Desde entonces, la noche entre el 4 y el 5 de setiembre se celebra el Día del Bizcocho en honor a Loki, que se conmemora ofreciéndole todo tipo de bizcochos y pastelitos comprados en la tienda. Lo que el espíritu del Día del Bizcocho nos dice es que ninguna ofrenda es insignificante: incluso un humilde bizcocho merece una celebración.

El Día del Bizcocho también es significativo por razones antropológicas. Es quizás la primera fiesta pagana nórdica que ha surgido de forma espontánea de una cultura viva en cientos de años.

COMUNICARSE CON LOKI

Algunas personas están satisfechas con rendir culto a una deidad sin ningún otro tipo de interacción que no sea la «simple» veneración. Sin embargo, otras necesitan experimentar un mayor grado de socialización con la deidad.

Este apartado trata sobre las bases generales del trabajo con espíritus y deidades, y sobre los diferentes métodos y herramientas que le ayudarán en este recorrido.

ALGUNAS COSAS A TENER EN CUENTA

Es muy fácil quedarse atrapado en el glamur de trabajar con una deidad por su naturaleza «mística» y «sobrenatural». Pero estas relaciones funcionan de un modo muy parecido a las mundanas:

Todavía tendrá que conocer a Loki

Por más que leamos o escuchemos hablar de cierta deidad antes de entablar una relación directa con ella, el hecho de experimentarla siempre nos dará una imagen mental más intensa y tridimensional.

La dinámica de las relaciones es importante

Lo que es bueno para las relaciones mundanas entre personas lo es también para las espirituales, y lo que es malo para las relaciones mundanas entre personas es igualmente negativo para las espirituales.

Las deidades no leen el pensamiento

Las deidades como Loki poseen una mejor comprensión de cómo podríamos pensar y sentir que la mayoría de las personas, pero eso no significa que sean capaces de leernos el pensamiento, ni tampoco consultar un registro de todo lo que hemos pensado hasta el momento. Los dioses no sabrán lo que pensamos a menos que se lo digamos nosotros.

El trabajo con una deidad requiere esfuerzo

Además de todo lo demás que se precisa para mantener cualquier relación, el trabajo con una deidad implica investigar, aprender nuevas formas de comunicación, nuevas destrezas, y aceptar que habrá un proceso de prueba y error.

Esta relación es entre usted y la deidad

Pueden surgir problemas si alguien actúa como «intérprete» entre usted y Loki, puesto que esto puede evitar que usted adquiera autoridad y confianza en sus propias relaciones espirituales.

Puede decir que «no»

Solo porque Loki quiera o sugiera algo, esto no significa que usted tenga que hacerlo.

Los dioses pueden decir que «no»

Los dioses no son máquinas de otorgar deseos en las que podemos introducir un montón de plegarias hasta que surge el milagro. Loki tal vez no quiera o no sea capaz de manifestar una circunstancia, por un motivo u otro.

La incompatibilidad existe

A veces, la personalidad, los métodos y las travesuras de una deidad no conectan bien con la persona. Reconózcalo cuando esto ocurra y haga los ajustes necesarios.

MÉTODOS DE COMUNICACIÓN

La comunicación con Loki puede darse mediante diferentes modalidades.
Cuantos más métodos de comunicación utilice, más métodos de confirmación es probable
que experimente. Es mejor emplear muchos tipos diferentes de comunicación
en lugar de depender de uno solo.

SINCRONICIDADES

Las sincronicidades son una serie de señales y augurios que apuntan a la presencia de una deidad. Pueden manifestarse como sueños o incluso como fenómenos físicos. Se podría pensar en las sincronicidades como «coincidencias que son demasiado convenientes para ser coincidencias», y a menudo se dan en múltiplos. Se caracterizan por tener un aire misterioso y a menudo aparecen cuando menos se las espera.

Es importante retener el concepto de «múltiplos» al pensar en las sincronicidades. Ver una araña en la pared no necesariamente tiene que ser una señal de Loki, pero ver a un montón de arañas, soñar que se relaciona con Loki, el nombre de Loki surgiendo en medio de una conversación o conocer a mascotas que se llaman Loki, esto sí podría indicar algo.

La probabilidad también desempeña un papel en ello. Si es normal que entren arañas en su casa, entonces ver arañas no necesariamente será una señal de Loki; a veces, una araña es simplemente una araña. Es lo inusual que resulta una señal lo que hace que lo sea.

Las sincronicidades ayudan porque ofrecen una vía para que una deidad se presente ante usted de forma única. La forma en que nos llegan puede ser tan reveladora como la propia señal, y le ayudarán no solo a saber de qué deidad se trata, sino también a confirmar que son quienes dicen ser.

ADIVINACIÓN

Además de su uso para predecir el futuro, la adivinación se utiliza para facilitar la comunicación con Loki. Después de invocarle, emplee un método de adivinación como las runas, el tarot, una baraja oracular, cartomancia, dados u otros, para formular preguntas y recibir respuestas.

Para asegurarse de que ha comunicado con la divinidad que cree haber contactado, realice una tirada de entrevista a una deidad (*véase* pag. sig.). Esta es también una buena forma de asegurarse de que es auténtico, a diferencia de un espíritu impostor (*véase* pág. 118). La tirada se concibió para el tarot, pero también es adecuada para otros medios.

Los métodos de adivinación con un mayor grado de azar, como el tarot o las runas, resultan muy útiles para verificar porque en ellos es mucho más difícil que nosotros influyamos sobre el resultado de forma subconsciente. Los métodos que son más fáciles de influir, como los péndulos, no son fiables.

Alguna veces es difícil descubrir en el momento lo que nos está diciendo una tirada; grábela y vuelva a escucharla más tarde, con la mente despejada.

TIRADA DE ENTREVISTA A UNA DEIDAD

1. ¿Quién eres? Esta carta identifica el espíritu, deidad o entidad en cuestión. Corresponde más o menos a cómo la entidad se ve a sí misma.

2. ¿Por qué se te conoce? Piense en ello como en la historia o trasfondo de la entidad.

3. Nombra una de tus características. Una característica, rasgo o cualidad que posee la entidad.

4. Nombra una de tus habilidades. Una habilidad, talento o ámbito de especialización que posee la entidad.

5. Dime algo con lo que se te asocia. Puede ser un acontecimiento, una imagen simbólica o un concepto que se atribuye a la entidad.

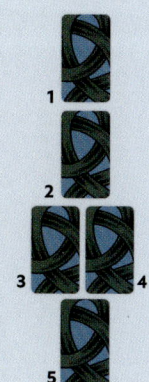

CAPACIDADES PSÍQUICAS

Las capacidades psíquicas son percepciones más o menos equivalentes a las físicas, relacionadas con nuestro sentido de la vista, oído, gusto y tacto. Se cree que estas capacidades miden los estímulos metafísicos antes que los materiales, y que por ello son aptas para interactuar con deidades de un modo parecido a relacionarse con una persona.

Yo creo que esta idea puede llevar a malentendidos, porque estas habilidades, como la clarividencia («ver claro») o la clara cognición («pensamiento claro») son más bien abstractas. También da la impresión de que entrenarlas equivale a entrenar los sentidos físicos para percibir información metafísica sobre el mundo, lo que en realidad puede tener consecuencias negativas.

La comunicación con deidades y espíritus es —por suerte— un proceso mucho más sencillo: se trata de tomar conciencia de lo que nuestros sentidos internos están captando. Digo «sentidos internos» porque el hecho de darnos cuenta de lo que ocurre psíquicamente es un resultado de dirigir nuestra atención hacia el interior.

Establecer una conexión con Loki a través de nuestras capacidades psíquicas crea un canal directo de percepción y comunicación, a través del cual se puede tener una conversación en tiempo real. Dicho eso, el modo en que nuestra mente experimenta este tipo de cosas es diferente para cada persona. Es importante reconocer cómo las capacidades psíquicas se manifiestan como sensaciones en nuestro interior. Sin embargo, nuestra capacidad de percibir los sentidos internos puede quedar velada por muchas cosas: nuestras emociones, imaginación, síntomas de enfermedades mentales o incluso un sistema nervioso sobrecargado. Debemos discriminar en cada momento y evitar tomarnos las cosas de forma literal. Incluso siendo capaces de identificar nuestras capacidades psíquicas, el discernimiento sigue siendo importante para temas como diferenciar dioses de espíritus impostores.

HERRAMIENTAS PARA SABER DISCERNIR

Existen numerosas herramientas que le ayudarán a discernir.
Si practica con ellas y las va reforzando, adquirirá mayor claridad
y sus percepciones espirituales serán más exactas.

El discernimiento es el acto de diferenciar qué es realmente una cosa de lo que creemos que es, así como lo que no es. Cuando huele un envase de leche para comprobar si está pasada, está haciendo uso del discernimiento.

LA CAJA DE ARENA

Aristóteles dijo en una ocasión: «Es señal de una mente educada ser capaz de tener un pensamiento sin aceptarlo». Esta es la función de lo que yo llamo la caja de arena. La caja de arena es un espacio o recipiente mental donde va a parar toda la información, donde puede jugar con ella sin aceptarla necesariamente como parte de su cosmovisión.

Nos permite sopesar nuestras experiencias antes de decidir interpretarlas. Por ejemplo, si vemos una araña y creemos que es una señal de Loki, debemos ser capaces de detenernos y preguntarnos: ¿Es esta creencia resultado de la experiencia o un reflejo de mi deseo de recibir una señal?

La caja de arena no es la herramienta que nos revela la respuesta, sino más bien el lugar donde podemos «guardar ese pensamiento» hasta tener mayor información.

DESAMBIGUACIÓN

La desambiguación es el acto de distinguir unas cosas de otras, por lo general comparándolas y contrastándolas.

Imagínese que tiene una cesta llena de diferentes tipos de manzanas, y quiere encontrar la Fuji. Sabe que la variedad Fuji tiene la piel roja y amarilla, así que descarta fácilmente las Granny Smith y las Red Delicious. Se queda con las manzanas de aspecto semejante, por lo que sabe que tendrá que emplear un método diferente para distinguirlas; podría pensar en observar si tienen dibujos, o en la textura, o incluso mordisquearlas para hacer un test de sabor. Podemos hacer comparaciones hasta tener una idea clara de lo que tenemos delante.

La desambiguación es algo a lo que puede recurrir en casos en que no esté seguro si la deidad es realmente quien dice ser, o si no está seguro de que lo que está experimentando es una energía o una reacción emocional, o bien si no sabe si el sueño que ha tenido era una ansiedad, deseo o premonición.

DARSE CUENTA

Para poder discernir, primero debemos asegurarnos de que nos damos cuenta de las cosas. Fíjese, por ejemplo, en la posición de su cuerpo mientras lee esta página. Con la suficiente práctica podría incluso ser consciente de sí mismo en momentos de intenso enojo o tristeza: «flotamos» por encima de nuestras emociones y las observamos incluso mientras las experimentamos.

El darse cuenta nos permite examinar las cosas que percibimos, independientemente de los pensamientos o sentimientos que tengamos hacia ellas. Esto es importante para percibir los sentidos internos, porque nos permite interpretarlos de forma exacta, a diferencia de interpretar las cosas de la forma en que queremos que sean.

SESGO DE CONFIRMACIÓN

Esto no es tanto una herramienta para discernir como un fenómeno del que debemos ser conscientes. El sesgo de confirmación se define como «la tendencia de buscar, interpretar, favorecer y recordar información que confirma o sostiene nuestras anteriores creencias o valores». En otras palabras, es el hecho de encontrar pruebas que apoyen nuestras creencias, en lugar de basar nuestras creencias en las pruebas.

Es difícil no tener expectativas de ciertos resultados en el trabajo espiritual o con deidades, pero hallar la prueba que las confirme no garantizará su manifestación; solo confirmará la historia que tenemos en mente. Cuanto más se esfuerce por evitar el sesgo de confirmación, más auténtica será su relación con Loki.

CAPACIDAD PSÍQUICA O ENFERMEDAD

Algunas personas se preguntan cómo diferenciar entre las capacidades psíquicas y la manifestación de una enfermedad mental preexistente. La respuesta es que realmente depende de los síntomas que experimenta y del modo en que se manifiestan sus habilidades psíquicas. Como regla general, yo siempre recomiento hacer comprobaciones consigo mismo a medida que avanza en su trabajo con deidades. Pregúntese:

* ¿Está interfiriendo este trabajo con mi vida cotiana?
* ¿Me causa angustia, ansiedad, confusión o perturbación de algún tipo?
* En estos momentos, ¿me cuesta mucho discernir?

Si su práctica le causa una angustia innecesaria, podría ser aconsejable marcarse unos límites. Aunque el trabajo con deidades es fascinante, su sentido de estabilidad en el mundo tiene preferencia.

TÍTERES DE CALCETÍN MENTALES

Un «títere de calcetín» mental es el resultado de hablar consigo mismo y de interpretar ese diálogo como una entidad. Estas son algunas señales de que podría estar tratando con un títere de calcetín mental:

* Actúa de acuerdo con sus caprichos y expectativas.
* No recibe ninguna información «nueva» o singular al interactuar con el títere.
* El títere de calcetín solo sabe lo mismo que usted.
* No posee una naturaleza autónoma (solo obedece a su voluntad).

- No le da augurios ni señales a menos que usted los busque.

Los títeres de calcetín mentales solo existen cuando los usamos, y la forma de dejar de hacerlo es ser consciente de su existencia.

IMPOSTORES

No todas las entidades son lo que parecen, y es posible encontrarse con cosas que pueden disfrazarse de Loki, en especial si son sus primeras tentativas de trabajar con deidades. Por ello es importante asegurarse de que está con la entidad que cree estar antes de comprometerse.

Es posible que espíritus mezquinos se hagan pasar por deidades para beneficio propio. Estos espíritus impostores son más oportunistas que amenazas reales.

Una forma simple de asegurarse de que está con el verdadero Loki es invocarlo deliberadamente. Eso, y salvaguardar su espacio (*véase* recuadro a la derecha). Los impostores por lo general no son actores profesionales, y los podemos detectar por una serie de comportamientos reveladores. Algunos de ellos son acciones que levantan sospechas, por ejemplo:

- Se niegan a dejarle interactuar con otras entidades o personas, o a investigar más sobre ellas.
- Afirman poder darle todo lo que quiere, aprovechándose de sus inseguridades, deseos y ego.
- Le dan prisa para que preste juramentos o votos.
- No son claros a la hora de decir quiénes son.
- No le reconocen aunque haya tenido interacciones previas con ellos.

Debido a que los impostores andan buscando «bajo riesgo, alta recompensa», no les suele gustar que les pillen.

SALVAGUARDAR

Salvaguardar es el acto de crear un conjunto de permisos y concesiones para su espacio. Para empezar, primero purifique su espacio. Puede ser algo tan sencillo como limpiarlo con la intención de mover la energía, o purificarlo con humo o algún otro medio para liberarse de cualquier energía estancada.

Este tipo de protección requiere un mínimo de tres cosas: instrucciones a seguir; una pila para recargar (por ejemplo un cristal cargado al sol); y una forma de estar unido al espacio donde se encuentra (como una varita o el dedo). Diga sus instrucciones en voz alta mientras va hilvanando su intención por el lugar con el dedo o varita, empezando por la pila y trabajando como en un circuito hasta volver a ella.

Si lo desea puede anotar primero sus instrucciones en una lista. Asegúrese de guardarla como referencia, para aumentar la protección en ocasiones posteriores si esta se debilitara. Sea claro con lo que estas salvaguardas implican, por ejemplo permitir únicamente la entrada a ciertas entidades, y/o si deberían rechazar a cualquier entidad que no obedezca alguna regla en particular (que también especificará). Asegúrese de que solo usted pueda cambiar las instrucciones y la manera en que se comportan sus salvaguardas.

NOTAS FINALES SOBRE EL PAGANISMO NÓRDICO

Mientras se adentra en su práctica de veneración a Loki, tenga en cuenta estas palabras finales sobre la continua evolución del politeísmo nórdico.

A lo largo de este libro menciono el «paganismo nórdico», y actualmente este parece ser el descriptor más común para referirse a prácticas y creencias neopaganas inspiradas en, o derivadas de, las costumbres populares y las prácticas y creencias de las sociedades precristianas de los países nórdicos.

Actualmente, el paganismo está experimentando un auge importante en Estados Unidos. Quizás la pregunta que más me formulan es: «¿Cómo puedo hacerme pagano?» o, en el caso de Loki, «¿cómo puedo hacerme lokiano?». Deseo tomarme un momento para hablar sobre ello, o más bien sobre la suposición de que «hacerse pagano» o «lokiano» es cuestión de seguir instrucciones, imitar a la antigua sociedad nórdica o ajustarse a una serie de ideales.

Muchas personas interpretan que el paganismo nórdico es algo como hornear un pastel: que una práctica «pagana» o «lokiana» es producto de reunir los ingredientes adecuados. Este no es el caso. Más bien es como un jardín, que crece a partir de nuestro entorno y de la arquitectura de nuestras vidas.

Funcionalmente hablando, eso no significa que tenga que seguir ciertas instrucciones para ser «recompensado» con una relación personal con Loki. Más bien su relación irá desarrollándose probando diferentes formas de honrarle y descubrir cuáles se adecúan más a usted. Independientemente de cuál sea su camino, y de lo que nos llamemos, el núcleo de la espiritualidad es descubrir lo que funciona mejor para nosotros tras probar cosas diferentes.

GLOSARIO

Para este libro he decidido utilizar versiones latinizadas de los nombres del nórdico antiguo. El glosario siguiente ofrece ambas versiones, además de una guía aproximada sobre su pronunciación.

PRONUNCIACIÓN DE LAS LETRAS ISLANDESAS Y DEL ANTIGUO NÓRDICO

A, a	A	Ó, ó	O
Á, á	Au	Ö, ö	Uh
Æ, æ	Ai	Ǫ, ǫ	Uh
Ð, ð	D suave	Œ, œ	Uh
É, é	E	Ú, ú	U
I, i	I	Ý, ý	Í
Í, í	I larga	Þ, þ	sonido sordo «th»
J, j	Ye		

NOTA SOBRE LA «R»

La «r» al final de palabras como «Jörmungandr» y «Gerðr» no se pronuncia del todo. El truco consiste en empezar a decir la letra y detenerse a medio camino.

DIOSES, DIOSAS, GIGANTES Y OTRAS FIGURAS IMPORTANTES

Español	Nórdico antiguo	
Aegir	Ægir	Un gigante que personifica el mar.
Andvari		El enano que Loki atrapa en forma de pez y a quien roba el oro para compensar la muerte de Nutria.
Angrboda	Angrboða	Consorte de Loki, una giganta que da a luz a sus tres hijos monstruosos: Hel, Jormungand y Fenrir.
Balder	Baldr	El dios resplandeciente, considerado el más justo y el mejor de todos los dioses. Hijo de Odín.
Bragi		Un poeta de los Aesir.
Brokk	Brokkr	Herrero enano encargado de hacer funcionar el fuelle cuando forjan el martillo Mjölnir.
Byleist	Býleistr	Uno de los dos hermanos de Loki; el otro es Helblindi.
Farbauti	Fárbauti	El padre de Loki, un gigante cuyo nombre significa «golpeador cruel».
Fenrir		Hijo de Loki. El lobo que se traga a Odín durante el Ragnarök.

Frey	Freyr	Hermano de Freya e hijo de Njord. Es un guerrero que cambió su espada por su esposa. Se le asocia con la fertilidad, prosperidad, masculinidad y realeza.
Freya	Freyja	Una diosa hermosa y poderosa. Asociada con el amor, la belleza, la magia y la guerra. Posee el bello collar Brisingamen.
Frigg		Esposa de Odín, la Madre de Todos. Asociada con la tejeduría, la sabiduría y los misterios femeninos.
Garm	Garmr	Lobo o perro encadenado frente a las puertas de Helheim.
Geirrod	Geirröðr	Un rey de los gigantes que habita en Jötunheim.
Gialp y Greip	Gjálp y Greip	Hijas del gigante Geirrod, que Thor mata.
Grid	Gríðr	La madre de Vidarr, una giganta.
Gullinbursti		El jabalí de oro de Frey.
Heimdall	Heimdallr	El guardián de Asgard.
Hel		La diosa de la muerte, mitad doncella, mitad cadáver.
Helblindi		Uno de los dos hermanos de Loki; el otro es Byleist.
Hermod	Hermóðr	Considerado hijo de Odín; un mensajero que cabalga a Helheim.
Hijos de Ivaldi		Un conjunto de enanos diestros en el arte de la forja.
Hod	Höðr	El dios ciego. Asociado con la oscuridad, es engañado para que mate a su hermano Balder.
Hoenir	Hœnir	Hermano de Odín, que entrega a la humanidad el don del sentido. Conocido también como Vili.
Idunn	Iðunn	Custodia de las manzanas de oro que dan la juventud eterna. Esposa de Bragi.
Jormungand	Jörmungandr	La serpiente de Midgard que circunda la Tierra.
Kvasir		El ser más sabio, con cuya sangre se elabora el Hidromiel de la Poesía.
Laufey		La madre de Loki.
Lodurr	Lóðurr	Hermano de Odín, que entrega a la humanidad el don de la calidez y la sangre. Conocido también como Ve.
Logi		La personificación del fuego.
Loki		El travieso y alborotador de Asgard.
Magni	Magni	Hijo de Thor y de la giganta Jarnsaxa. Su nombre significa «poderoso».
Nanna		Esposa de Balder.
Narfi		Uno de los hijos que Loki tiene con Sigyn. Muere a manos de su hermano Vali y sus entrañas se utilizan para atar a Loki.
Njord	Njörðr	Padre de Frey y Freya, asociado con el mar. Casado con Skadi; una pareja incompatible.
Nutria	Ottr	El nombre de un enano que tenía forma de nutria, y que Loki mata.
Odín	Oðinn	El Padre de Todos. Jefe de los Aesir y asociado con la sabiduría, la guerra, la poesía, la locura y la muerte.
Sif		Una diosa de larga cabellera rubia. Esposa de Thor.

Sigyn		La esposa de Loki, que sostiene un cuenco sobre su cabeza para recoger el veneno de la serpiente.
Sindri		El enano que forja Mjölnir, Draupnir y Gullinbursti.
Skadi	Skaði	Una giganta asociada con el invierno y el esquí. Esposa de Njord, cuyo matrimonio no es compatible.
Skinfaxi		(«Crin reluciente») El caballo que tira del Sol.
Skrymir	Skrýmir	Un disfraz de Utgard-Loki. Thor y Loki duermen en su guante, pensando que se trata de un edificio extraño.
Sleipnir		Hijo de Loki y caballo de ocho patas de Odín, el más veloz de todos los caballos.
Svadilfari	Svaðilfari	El caballo de un maestro constructor que Loki seduce adoptando la forma de una yegua.
Thialfi	Þjálfi	Sirviente de Thor, un corredor veloz.
Thiazi	Þjazi	Padre de Skadi. Un gigante en forma de águila, que hace que Loki secuestre a Idunn.
Thok	Þökk	Una giganta que no llora por Balder cuando este muere. Su nombre significa «gracias» o «gratitud».
Thor	Þórr	Dios del trueno y protector de Midgard, que empuña el martillo Mjolnir.
Thrym	Þrymr	El gigante que roba el martillo de Thor.
Tyr	Týr	Dios de una sola mano; Fenrir le arrancó la otra.
Utgard-Loki	Útgarða-Loki	Un gigante ilusionista que desafía a Thor y a Loki a varias pruebas en su fortaleza de Utgard.
Vafthrudnir	Vafþrúðnir	Un gigante sabio que compite con Odín en una batalla de ingenio.
Vali	Váli	Uno de los hijos que Loki tuvo con Sigyn.
Vidarr	Víðarr	El hijo silencioso de Odín, que mata a Fenrir tras aplastarlo con su bota de cuero.
Vili y Ve	Vili y Vé	Hermanos de Odín; le ayudan a matar al gigante Ymir y a dar vida a los primeros humanos. Se corresponden con Hoenir y Lodurr.
Ymir		El gigante primordial, cuyo cuerpo se utiliza para crear el mundo.

LUGARES

Español	Nórdico antiguo	
Alfheim	Álfheimr	Reino donde viven los elfos de luz. Frey lo recibe como regalo cuando se le cae su primer diente.
Asgard	Ásgarðr	El hogar de los Aesir.
Bifrost	Bifröst	El puente arcoíris que conecta Asgard con Midgard.
Escandinavia		El nombre de la región lingüística y cultural de la Europa septentrional. Por lo general se refiere a Dinamarca, Noruega, y Suecia. Groenlandia, Åland, Islandia y las islas Feroe se incluyen también a veces por sus cercanos vínculos etnolingüísticos.

Gimle	Gimlé	El palacio que se construye después del Ragnarok
Gioll	Gjöll	Uno de los ríos de Elivagar que los difuntos deben cruzar para alcanzar el Helheim.
Helheim		Morada de los difuntos, donde van quienes mueren de vejez o enfermedad.
Ifing	Ífingr	(«Violencia») El río que discurre entre Jötunheim y Asgard.
Jötunheim	Jötunheimr	La morada de los gigantes.
Midgard	Miðgarðr	(«Tierra Media») Hogar de los humanos. El mundo material.
Muspelheim	Múspellsheimr	Un mundo primordial de fuego. Allí viven los gigantes de fuego.
Nidavellir	Niðavellir	Morada de los enanos.
Niflheim	Niflheimr	Un frío y nebuloso reino primordial de escarcha y hielo.
Niflhel		La morada más profunda de Helheim.
Noatun	Nóatún	Njord's hall.
Países nórdicos		Noruega, Suecia, Dinamarca, Islandia, Groenlandia, Finalndia, Åland y las islas Feroe.
Ríos	Élivágar	Los ríos «venenosos» que se originan en Hvergelmir.
Svartalfheim	Svartálfheimr	Reino donde viven los elfos oscuros.
Utgard	Utgarð	Morada del gigante Utgard-Loki.
Valhalla	Valhöll	El salón de los caídos. El palacio de Odín, donde van los guerreros caídos en la batalla.
Vanaheim	Vanaheimr	El hogar de los Vanir.
Yggdrasil		El Árbol del Mundo, que contiene todos los reinos.

COSAS, CONCEPTOS Y ACONTECIMIENTOS

Español	Nórdico antiguo	
Aesir	Æsir	La principal familia de deidades del panteón nórdico.
Brisingamen	Brísingamen	El hermoso collar de Freya.
Bruja/Vidente	Völva	(«La portadora del báculo») Una bruja, vidente o mujer sabia.
Draupnir		La argolla que Odín lleva en el brazo y que produce ocho iguales cada novena noche.
Einheriar	Einherjar	Los guerreros del Valhalla.
Elfos	Alvar	*Véanse* elfos de la oscuridad y de la luz.
Elfos de la luz	Ljósálfar	Elfos que se dice viven en el reino de Alfheim y que resplandecen más que el Sol.
Elfos negros	Svartálfar	Elfos negros, posiblemente afines a los enanos y los elfos oscuros. Se dice que viven bajotierra y son más negros que el alquitrán.
Elfos oscuros	Dökkálfar	Elfos que viven bajo tierra, opuestos a los elfos de la luz. *Véase* también *elfos negros*.
Enanos	Dvergr	Seres que viven en las profundidades de la tierra y que son maestros artesanos.

Era vikinga, La		(793-1066 e. c.) Un periodo de los pueblos nórdicos caracterizado por viajes marítimos, comercio y pillaje.
Espíritu	Landvættir	Un espíritu cuyo «cuerpo» es una cierta zona de tierra o un accidente geográfico.
Flyting		Un tipo de batalla verbal.
Gigantes	Jötnar (plural) Jötun (singular)	Seres que encarnan los paisajes salvajes e inhóspitos y las fuerzas del mundo.
Giallarhorn	Gjallarhorn	Cuerno perteneciente al dios Heimdall, que hace sonar al inicio del Ragnarök. Su nombre significa «cuerno gritón».
Gleipnir		Los grilletes hechos de cosas imposibles que sujetan a Fenrir.
Gungnir		La lanza de Odín.
Hlidskjalf	Hliðskjálf	El alto trono donde se sienta Odín para contemplar Midgard.
Kenning		Un tipo de juego de palabras de la poesía nórdica, antigua, que utiliza frases descriptivas en lugar de una sola palabra.
Mjölnir	Mjölnir	El martillo de Thor.
Naglfar		Embarcación construida con las uñas de los muertos, utilizada durante el Ragnarök.
Nisse/Tomte		Espíritus domésticos amistosos.
Nornas, Las	Nornir	Mujeres que rigen el curso de la suerte y el destino.
Ofrenda	Blót	El acto de realizar ofrendas a las deidades, ancestros o espíritus.
Paganismo nórdico		Movimiento espiritual neopagano centrado en las creencias, costumbres y prácticas de varias sociedades precristianas del norte de Europa.
Ragnarök	Ragnarök	(«El ocaso de los dioses»). El colapso de la sociedad de los Aesir.
Thurs	Þurs	Gigantes que representan las fuerzas de la naturaleza y que son hostiles a la vida humana.
Trolls		Un término genérico para un ser que es «otro». Se puede utilizar también para describir la magia.
Valquirias	Valkyrjur	Mujeres que cabalgan sobre los campos de batalla y se llevan a los guerreros caídos al Valhalla, el palacio de Odín, una vez mueren.
Vanir		Otra familia de deidades del panteón nordico, que en una época antigua sostuvieron una guerra contra los Aesir.
Wight	Vættr	Un término general para «ser» o «espíritu».

TEXTOS

Nuestro conocimiento de las antiguas leyendas nórdicas se deriva de unas pocas fuentes escritas, que aparecen en negrita en la lista siguiente. Si desea leerlas, he especificado a cuál de las fuentes primarias corresponde cada *lay* o poema.

Alvíssmál [1]	Los dichos de Alvíss («Todo sabiduría»)
Baldrs draumar [1] [3]	Los sueños de Balder
Codex Regius, el	Un manuscrito del cual se deriva la *Edda Poética*. Fue escrito sobre el 1270 e. c. Su nombre *se* traduce como «libro real» o «del rey».
Germania	[98 CE] Una etnografía sesgada de los pueblos germánicos escrita por el historiador y político romano Publio Cornelio Tácito.
Gesta Danorum	La historia de los daneses, escrita por Saxo Grammaticus en el 1208 e. c.
Grímnismál [1]	Los dichos de Grimnir
Gróttasöngr [1]	La canción de Grótti o del molino
Gylfaginning [2]	El engaño de Gylfi
Hárbarðsljóð [1]	El poema de Barbagrís
Háttatal [2]	Compendio de métricas
Hávamál [1]	Dichos de Har o Discurso del Altísimo
Hymiskviða [1]	El poema de Hymir
Hyndluljóð [1]	El poema de Hyndla
Lokasenna [1]	Los sarcasmos de Loki
Lokka Þattur	La canción de Loki. Una balada de las islas Feroe que puede datar del siglo xiv.
Edda poética, La	Una recopilación de poesía anónima en lengua nórdica antigua, anterior a la conversión al cristianismo de Escandinavia.
Edda prosaica, La	También llamada Edda menor o Edda de Snorri. Escrita por Snorri Sturluson sobre el 1220 e. c.
Reginsmál [1]	El poema de Rig
Rígsþula [1]	The Lay of Rig
Skáldskaparmál [2]	Dicción poética, El lenguaje de la poesía
Skírnismál [1]	El poema de Skirnir
Vafþrúðnismál [1]	El poema de Vafthrudnir
Völundarkviða [1]	El poema de Volund
Völuspá in skamma [1]	Breve profecía de la vidente
Völuspá [1]	La profecía de la vidente
Þrymskviða [1]	El poema de Thrym

Clave:
[1] - Se encuentra en la *Edda poética*
[2] - Se encuentra en la *Edda Prosaica*
[3] - Se encuentra en la *Gesta Danorum*

ÍNDICE ALFABÉTICO

AGRADECIMIENTOS

Quisiera dar las gracias a todos quienes han hecho posible
este libro: la comunidad pagana nórdica American Heathen, mis
amigos escandinavos del otro lado del charco y los excelentes
mentores y maestros espirituales que me han ayudado en mi
recorrido. Me gustaría también darle las gracias a Loki, por
haberme facilitado las herramientas adecuadas y por guiarme
por los caminos que hicieron de este libro una realidad.
Por último, pero no por ello menos importante, agradezco a
mis editores la corrección del texto y, por supuesto,
a mi ilustrador, The Saxon Storyteller, las encantadoras y
maravillosas ilustraciones que iluminan estas páginas.
¡Espero que haya disfrutado de esta obra escrita con amor!
L. Dean Lee

SOBRE EL ILUSTRADOR

Matt Greenway es el ilustrador de la serie *Los dioses nórdicos*.
Es conocido por su capacidad de capturar el carácter de los artefactos y las
figuras históricas, y ha adoptado el nombre de THE SAXON STORYTELLER
en Internet. Su interés por la mitología anglosajona, celta y nórdica ha sido la
inspiración para su obra durante muchos años. Comparte su pasión por dibujar
sobre mitología en Instagram@thesaxonstoryteller, e ilustra el contenido
del podcast Nordic Mythology.